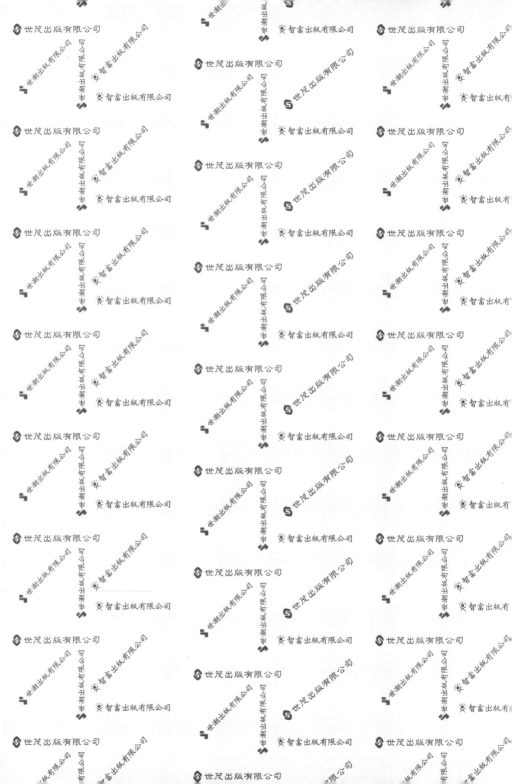

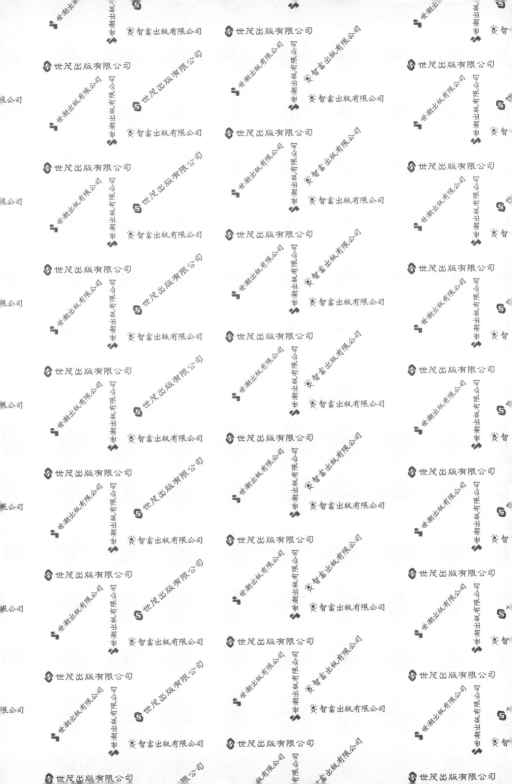

小惡魔說話術

5分鐘 讓妳成為社交女王

水希／著
鍾霓／譯

※本書原名為《銀座NO.1公關的小惡魔說話術》，經修定並更名為《小惡魔說話術：五分鐘讓妳成為社交女王》

序

非常謝謝妳在市面上眾多的書籍中選擇了我的書。

我「很怕生」、「畏首畏尾」、「不夠機靈」、「自尊心很高」，整個人簡直就像拙於溝通表達的標準範本。然而這樣的我，卻成為了其他酒店女公關口中的傳說，因為「聽說那位女公關不需要施展渾身解數，就能讓客人衝著她上門喔」的這種說法在銀座流傳，因而讓我受到熱烈的討論。

我投入到「夜晚的銀座」這個絢爛世界的契機，是緣於職場上人際關係的不順遂。雖然從事的是與編輯及公關宣傳有關的工作，我卻無法順利完成預定的訪問。這樣的事接二連三地累積下來後，漸漸地我也變得愈來愈憂鬱、消沈。

最後終於搞到憂鬱纏身，而無法勝任朝九晚五的工作。此時，我不得不去思考，有什麼樣的工作是既不會被朝九晚五的工作時間給綁住，又可以養活得了自己的？上班時間只有四個鐘頭、不需要每天出勤、又可以養活自己的工作，唯一能夠符合這幾個條件的，就只剩下酒店這一行。

我本身擁有社會心理學的碩士學位，在抱著這個工作既有助於我瞭解社會真實面貌，又能解決我生計上燃眉之急的雙重想法下，便下定決心一闖酒店女公關這一行。

有憂鬱症、溝通表達有困難，這樣子還想當酒店女公關？被我如此輕率的決定而嚇到的人，一定大有人在吧！果不其然，在一開始進入酒店女公關這個行業時，我那原本不擅溝通表達的短處便成了絆腳石，不管用盡任何方法都無法讓工作順利步上軌道。每天、每天，我都為這個造成自己痛苦的決定而悔恨不已。

某家店的媽媽桑因為不斷地被我惹毛，所以曾毒舌地說：「妳又不是天生的美人胚子，可以光坐在那裡就美得像幅畫。還不給我多用點心下足功夫」。

因為不夠機靈，被媽媽桑丟過煙灰缸的場面我也碰過。儘管如此，對那時沒有任何棲身之處的我而言，除了酒店女公關的世界外，已經沒有其它地方可以容得下我。因為當時社會對於憂鬱症的理解，並沒有像現今這麼具有同理心及包容心。

在待過的每一家店裡，我滿腦子都在不斷思考：「該怎麼做才能夠成為酒店紅牌呢？」我就是像這樣一路努力熬過來的。可是，不管我再怎麼努力，感覺上都好像還少了那麼一點什麼。儘管業績不上不下的差強人意，但意外地，原本困擾我許久的溝通技巧總算有了進展，至少已經變得和常人沒什麼兩樣了。也因為這樣的轉變，讓我曾一度動念想要回到白天正常的世界去。

可是，因為憂鬱症尚未完全痊癒，所以便暫時打消了這個念頭。我心想，如果無法學會自我控制憂鬱症，那就絕對沒有辦法回到白天的世界去的。在這樣的想法下，我於是進入了心理治療師（Counselor）培訓學校學習，也參加溝通專題講座，企圖雙管齊下克服問題所在。

我把在那些專門機構中所學習到的技巧，全都拿來運用在店內的待客服務上。這一週是這個技巧，下一週是那個技巧，就這樣反覆不斷地演練，然後就在不知不覺中，我便坐上了No. 1紅牌女公關的寶座。

這些話聽起來雖然很像騙人的，但技巧這種東西居然可以擁有這麼神奇的力量，就連我自己都被嚇了一跳。

於是，我發現了一個重要的事實，那就是，要進行高效的溝通，並不是只有自己開口說話，而是要讓對方也開口說話，並且還要善用對方所說過的話。

每個人都很希望有人可以聽自己說話。既然這樣，與其拚了命地想「說這說那」而使話題中斷、場面冷清，倒不如選擇認真傾聽對方說的話，讓對方欲罷不能地打開話匣子來緩解尷尬的場面，使氣氛愈變愈好，這一招反而比較聰明不是嗎？茅塞頓開後，一轉眼，我就變身成了No.1紅牌女公關。

因為想幫助和過去的我一樣，為不擅溝通所苦的人，所以現在的我活用過去因接受心理諮商而讓人生有了戲劇化轉變的切身經驗，在白天從事心理治療師的工作。我靈活運用了在研究中所習得的社會心理學、罹患憂鬱症、身為社會人以及進入夜世界後所得到的經驗與智慧，而不光是紙上談兵，所以我的心理諮商可以說是「活的」心理諮商。

我白天是心理治療師，晚上則是酒店女公關。不管白天夜晚，我都是扮演著與人聊天、傾聽他人煩惱，讓人恢復元氣的角色。

如果現在的妳也正為了與他人溝通不良而感到苦惱，請照著這本書裡頭所介紹的溝通技巧，按部就班地一個個親身演練。等察覺到有所改變時，妳一定已經脫胎換骨變成了廣受歡迎的社交新寵兒。

我很期待將來有一天能夠和已經變身成為社交寵兒的妳相遇。

2009年10月　水希

第三章 區分出對方的類型，有效的「讚美隨聲附和」

Contents

第四章 過了十五分鐘後，就是差不多該炒熱話題的時候了

第五章 如果能做到這一點就天下無敵了！讓人想再見妳一面的女性——高級進階篇

第一章

在相遇的五分鐘內，就能讓人覺得「這女生懂我」

要讓對方一見鍾情，相遇後的五分鐘是關鍵時刻！

「一定要讓客人欽點自己坐檯不可，而時間限制則是五分鐘。」在進入酒店女公關這一行後，我才知道，原來業界有這樣的原則。

我這個女公關菜鳥初出茅廬的地方，就是一般人所俗稱的酒店。我第一次取的酒店花名叫「水希」，因此，我就沿用了「水希」這個名字來作為筆名。

酒店女公關的轉檯服務，是由通稱為黑服*的少爺來負責執行調度。一開始，黑服會把女公關帶到客人的座位上，並為客人介紹：

「這位是水希小姐」

介紹完畢後，女公關會留在客人的座位上約五分鐘，然後黑服就會把女公關再帶到下一桌，重複同樣的動作向每一桌的客人打招呼。

在黑服把女公關帶往下一桌移動前，女公關必須努力獲得該桌客人的「場內指名」。如果沒有獲得指名，女公關就得整晚都在店裡頭永無止境地四處推銷自己，不斷地進行五分鐘接待服務，直到獲得客人指名為止。

上班的第一天，我完全沒有獲得任何客人的指名，直到關店前的最後一個鐘頭，我都是枯坐在那個被稱為「待機室」的地方，望著客人席發呆。

在漫長的等待指名中，我發現了一件事，那就是和我同是女公關菜鳥的新人，以靈活的手腕獲得了指名。她和我到底有哪裡不一樣呢？看到這樣的情況，整晚枯坐冷板凳的我不禁發出疑問，相信妳也和我一樣有著相同的疑問。

「是因為她長得很美嗎？」

「還是因為她舉止可愛呢？」

不對！不對！絕對不是這麼簡單的原因。

能夠在紙醉金迷的夜世界中工作的女孩，外貌都有絕對的水準，不是長得很美，就是長得很可愛，要不然也一定具有某種獨特的魅力。當然！在這群爭妍鬥豔的酒國佳麗中，一定還是會存有某種程度的差異。

關於這個問題的正確解答是，那個女孩渾身散發出了「不知道為什麼就是想多待在她身邊；不知道為什麼就是想和她多說一點話」的氛圍。

＊註：「黑服」指酒店少爺，因為少爺一律身穿黑色西裝故有此稱謂。

在一開始的五分鐘內能夠獲得指名的女公關，光憑著臉部表情，或者說話技巧就可以博得客人的好感，如此天才般高明的應對技巧，簡直可說是神乎其技。

在學校或公司等地方，妳的身邊一定也有那種感覺起來沒什麼特別，但卻相當受人歡迎的女孩吧！

換個話題來說，妳對身邊死黨、男友及朋友等人的第一印象是什麼？一直到現在妳都還記得嗎？在一般的情況下，大多數人應該都會對對方抱有好印象才對。在心理學上，第一印象的作用被稱為「初位效應*（Primacy Effect）」。研究顯示，第一印象會左右接下來彼此之間人際關係的好壞。

如果一開始就產生了「好」印象，在接下來的交往中就能容易建立起良好的關係。相反地，如果一開始就留下了「壞」印象，日後就算想要建立良好的關係恐怕也很難。

一開始就讓對方「感覺很難搞」、「感覺很可怕」的話，就算彼此想要攀談也會變得不太容易。如果是因為想太多、太謹慎而導致臉部表情僵硬，也會讓人有「唉呀！該不會是心情不好吧？」這樣的錯覺，可是搞不好當事者本人只不過是剛好在思考罷了。如果沒出現什麼大轉折，這種「負面的連鎖效應」會一路持續發酵。

在店裡頭的情況也一樣，跟一開始就產生有「真難搞」這種印象的客人之間的交際，無論訪桌幾次，不管如何想盡辦法努力攀談，最後也都落得不了了之，幾乎不會有任何後續的發展。

想顛覆壞印象所要花下的心力與時間，是要讓人留下好印象時的八倍，可以說是相當吃力不討好。

但畢竟，我所從事的是酒店公關這一行，所以必須絞盡腦汁想辦法讓更多更多的客人喜歡我。如果再這麼不求振作地繼續發呆下去，別的小姐就要把所有的客人給搶光了。

當時，剛踏進這個圈子的我，滿腦子就只想著：「就只有五分鐘，是可以瞭解到什麼？」然而事後我才發現，這個「一開始的五分鐘」學問可大著呢！因為這短短的

*註：初位效應也叫做第一印象效應。第一印象，是在短時間內以片面資料為依據所形成的印象。據研究發現，與一個人初次見面時，四十五秒內就能產生第一印象。這一最先的印象對他人的社會知覺可以產生較強的影響，並且會在對方的腦中形成並佔有主導地位。這種先入為主的第一印象是人普遍的主觀性傾向，會直接影響到以後的一連串行為。

五分鐘可以說是關鍵時刻，它決定了接下來將會發生什麼事。根據被稱為第一印象法則的說法，他人對我們的印象在相遇後的四分鐘之內就會決定。

曾經完全無法獲得指名，儼然如冷板凳天后的我，現在在沒有場內指名這類制度的俱樂部中服務。

「因為妳實在太對我的胃了，雖然我聽說這間俱樂部並沒有指名制度，但我無論如何都想和妳聊一聊，不知道妳可不可以勉為其難的賞個光？」

曾經有個座位離我很遠的客人，在店內對我這麼說道。

「我對水希美眉的第一印象很好喔！也不知道為什麼，光憑著那個好印象，就一直來往了這麼長的時間呢！」

店裡的熟客也常常帶著不可思議的表情這麼告訴我。

「在相遇的五分鐘內，可以製造良好的自我印象」

果然，過去我們常說的「一見鍾情」這句話是很有根據的。

事實上，用心經營第一印象是需要綜合能力的。從本書的第一章開始到最後一章，章章都環環相扣，我們將於其中為妳分析講解新人常犯的錯誤，並循序漸進地介紹各種溝通技巧，以期能透過會話實例的結合歸納出訣竅，讓妳可以做到即學即用。

請各位一定要耐心地好好看到最後一頁喔！

現在，妳只要暫時將一開始讓對方留下「好」印象是非常重要的這件事，先擺在大腦的某個角落就可以了。

從外表來模仿紅牌女公關的話……唉呀呀！真是不可思議

在離開酒店轉往俱樂部時，我使盡全力的首要改變就是外表。我以那家店的紅牌女公關作為參考對象，努力模仿了她的髮型、化妝、服裝打扮、表情、動作姿勢、說話方式等，簡直可以說是滴水不漏地全數模仿了。

與客人之間的對話或關懷體貼這一類的技巧，憑著臨場實戰經驗就能學會。要說能有什麼改變可以在一開始的五分鐘內，收到立即又明顯的效果？果然還是只有外表！

在我還是個新人的時候，表情和動作姿勢這一類的外在舉止，雖然可以透過模仿紅牌女公關來抓到神韻，但當時我內心緊張與不安的程度並非外人所能理解，回想起當時的狀態，就連現在的我也會招架不住，而隨時都有昏厥的可能。當時捧場的客人對我說了這些話。

「水希美眉，妳真的是新人嗎？妳還挺有架勢的呢！剛剛很有趣喔！」

「在聊天方面雖然還有待加強，但妳給人的感覺很不錯喔！」

和酒店新人那時候相比，這兩個不同時期之間的差異，就只在於我理解到了一開始那五分鐘的重要性，以及開始努力在外表上下功夫而已。老實說，一切能進行的如此順利真的讓我感到很驚訝。

通常我們都認為要巧妙地使用語言，才能與他人有良好的溝通，也很容易會誤以為語言的巧妙與否，決定了溝通技巧的高明或拙劣。

可是，請試著回想看看，我們人類是打從一開始就是能言善道的嗎？比起語言，在從人猿進化成為人類的過程當中，我們應該是藉由動作姿勢、態度，或聲調微妙的抑揚頓挫等變化來取得溝通才是。可以說，人類是直到近世才能夠隨心所欲地操弄語言技巧的。

在鳥類中，雄鳥通常具有較豔麗的羽毛及優美的聲音，而雌鳥則比較不顯眼。這是因為，在繁殖期間，雄鳥可以藉由豔麗的羽毛、優美的歌聲來吸引雌鳥，以便順利留下子孫。我想各位一定也都曾經在某個地方看過雄鳥大跳求偶舞的畫面吧！

除了人類以外，所有的動物都是藉由態度或動作姿勢來代替語言以獲得溝通。而且比起語言，我們人類更擁有能夠從態度或動作姿勢中蒐集大量情報資訊的習慣。這或許就是為什麼「不懂得察言觀色」這一句慣用語之所以會大行其道的理由。

一般而言，我們都是透過與對方交談的內容，同時輔以對方的外表、表情、動作姿勢及聲音給人的感覺等外在表現，並進一步藉由綜合全部資訊來瞭解判斷對方的所有事情。

除了語言以外，若想將自己的情報傳達給對方，就必須從對方的外在表現來判斷對方是否已經接收到了我們的訊息。

在心理諮商時，解讀這些外在的情報訊息尤其重要。舉個例子來說，即使諮詢者只是開口說了一句「我不要緊」，在這句話中也帶有弦外之音。

雙肩垂下，眼光看往地面，一邊抖著聲音，一邊說：「我不要緊」。

雖然聲調沒有特別高昂，但說話的時候看著妳的方向，並且面帶微笑地說：「我不要緊」。

眼神直盯盯的望著妳，語氣乾脆，毫不拖泥帶水地說：「我不要緊」。

臉上帶著笑意，語調輕柔地說：「我不要緊」。

同樣都是「我不要緊」，但說話者所傳遞出來的訊息卻大為不同。

哪怕是沈默不語，也都隱有某些弦外之音。就算只有針對如何從外表給予對方好印象這點來下功夫研究，妳也會發現自己的吸引力居然可以一口氣急速攀升。

就我個人的情況而言，在我當女公關的時候，能夠神速獲得男性青睞捷徑的第一名，就是透過化妝、髮型、服裝打扮、動作姿勢、表情及聲調等。

擔任心理治療師時，我必須要將安心與信賴感傳達給諮商對象；擔任研習講師時，因為身處商業場合，所以要詳實傳達給學員的是更多的信賴感。

在過去，我總是認為「什麼鬼TPO法則*啦！重要的是個性」。可是，如果以銀座華麗的裝扮出席商務場合，那也只會向在場所有人士傳達出：「我是個打扮豔麗，渾身披掛叮叮噹噹的女人，請來邀約我」這樣的訊息。的確，如此美艷的裝扮會受到男性們的青睞，但卻不會替工作加分。

建議妳也不妨在公司、約會、聯誼、朋友們等聚會場合中，根據不同的碰面對象，試著多花點心思在外表上，或許可以收到出人意表的好效果喔！

外貌一經改造後，就同時能表現出行動心理學中所歸納出的四個優點。

*註：所謂的「TPO」就是英文中「TIME（時間）」、「PLACE（場所）」及「OCCASION（場合）」的縮寫。

1 變得主動積極
2 湧出自信
3 滿足度攀升
4 減少不安

各位曾聽過「美妝治療法*（Make Up Therapy）」一詞嗎？這是一種近來相當流行於老人安養中心的心理治療法。

根據研究報告指出，只要替上了年紀的銀髮族化妝，不僅能增加他們與外界對話的意願，也能讓他們變得比較積極正面，更可減輕老人痴呆的症狀。

我這個每天都離不開化妝的人，在聽聞了這樣的研究結果後，深有同感。每天一到黃昏，我就必須開始為了晚上的工作而做準備，利用工作用化妝術啟動進入夜世界的模式。這麼一來，等到上完妝，心情就會整個切換到了酒孃「水希」的模式，我對於這項日常儀式可說是非常著迷。

在還是新人的時候，只要搖身一變成為「女公關水希」，就算心裡有多麼忐忑不安，就算沒辦法說出極為動聽的話，也會莫名地獲得客人的青睞。在不斷累積這種經驗的過程中，我居然就誤打誤撞地打造出了名副其實的「紅牌女公關水希」。

改變外貌，成為徹底的演技派，不僅有助於締造良好的第一印象，也會讓自己擁有自信，更能收到因為積極行動所帶來的好效果。

不論是對外貌欠缺自信，還是口調不好，無法能言善道都沒有關係，只要改變外貌，內在的改變也會自動緊隨而來。

*註：融合了心理諮商與美容色彩學兩種觀點所發展而成的新型態心理治療法。大多用來幫助因為外表而感到不安或不滿的女性，協助她們藉由化妝來改善外表，進而重獲自信。

一開始就要將「你和我很像」的訊息傳達給對方

妳已經體悟到從外表獲得訊息及發出訊息的重要性了嗎？

若是使用語言，在「一開始的五分鐘」內，只能做到打招呼程度的交談而已。可是，如果是透過外表，彼此就能傳送並接收無數的訊息來達到初步溝通的目的。真希望自己能夠更靈活運用語言之外的力量對吧！

有一次，在一位客人的座位上，光是負責接待的女公關就擠滿了八位。我輸了近身指名搶奪戰的先機，被發派到了離客人最遠的邊陲位置上。這對於要獲得該位客人的指名，可以說是相當不利。

當然，想要跟客人對話交談也是萬萬沒有可能的。但是，我注意到了某件事，因此就稍微惡作劇地捉弄了一下這位客人。像是同一時間和客人一起喝摻水的威士忌，同一時間配合客人變換姿勢，或者是比手劃腳地配合客人做相同的動作等等。這麼一來，

「喂！那邊那位美眉，妳坐到我旁邊來。」

中了計的客人就會開口出聲直接點名我。除了媽媽桑以外，其他的小姐都覺得很不可思議。

「只有妳很專心地聽我說話。以後，就指名妳負責接待我好了。」

這種語言以外的訊息力，真的是很不可思議！

在這裡，我可是連一句話都還沒有開口說喔！如果有一句話都不用說，就能獲得客人指名的訣竅，相信各位一定也都很想知道，對吧！我所注意到的某件事情究竟是什麼呢？各位猜到了嗎？

在公布答案之前，先來問一個問題：說到底，各位認為在這個世界上，我們最喜歡的人是誰呢？

在夜世界中，有「觀察客群就能夠知道這位女公關的角色個性」的說法。

客群中，客人類型為特立獨行居多的女公關，個性就比較特立獨行；客群中，客人類型為完美挑剔型的女公關，個性就比較完美挑剔；客群中，客人類型為活力十足型的女公關，個性就比較陽光開朗；客群中，客人類型為豪邁型居多的女公關，個性就比較有氣魄；客群中，客人類型為纖細型居多的女公關，個性就比較細膩。這個結果非常有趣且耐人尋味。這顯示出了，女公關所負責接待的常客，通常都會與自己的個性及類型相似。

美國社會心理學家紐康，以住在學生宿舍的學生為對象，並以他們之間的交友關係為研究主題，進行了為期半年的實證調查研究。紐康的研究結果發現，一開始房間相鄰的學生們很容易打成一片，但是一等到瞭解對方的性格後，慢慢就會傾向於跟自己想法或態度相似的人結為好朋友。正所謂物以類聚，與自己想法或性格相似的人很容易彼此互相吸引。

說到底，在這個世界上，我們最喜歡的人還是自己。也因此，人都會喜歡和自己很像的人。一看見客群，就能夠知道這位女公關的角色個性，這個說法想必妳也一定能夠大為認同吧！

在「一開始的五分鐘」，向客人傳送「你和我很像」的訊息，就是連一句話都不用開口，便能獲得對方青睞的秘密。因此，在實踐的訣竅上，首先希望妳能做到的就是「姿勢配合」。

在相遇之後，對方會根據自己的好惡立刻對我們做下喜歡或討厭的決定。在短時間內最容易達到效果的不是語言，而是外在情報。

對對方而言，妳就是一面鏡子，妳要專心地配合對方每一個動作姿勢，把對方照鏡子的動作，忠實地反映呈現出來。

在咖啡店或餐廳裡，妳只要試著觀察那些情侶或好朋友的客群，就會發現許多不可思議的光景。這一類的客人，不是用同一種姿勢坐著，就是會在相同的時間點端起茶杯喝茶，這種場景可說是屢見不鮮。

他們的動作姿勢之所以如此神似，並不是因為彼此是好朋友，而是因為彼此有相似的動作姿勢，才得以結為好友。也因此，只要在一開始就讓自己的動作姿勢與對方的動作姿勢相似，自然而然就能夠獲得對方的好感。

我是像這樣靈活運用這個技巧的。

例如，我會配合在客人喝摻水威士忌的時間點，也拿起酒杯啜一口；客人身體往前傾的時候，我的身體也會跟著往前傾；客人翹起二郎腿的時候，我也跟著雙手抱胸。

如果在一般情況下，也許會配合著對方蹺腿，可是，在女公關界中，蹺腿這個動作是被嚴厲禁止的。在這樣的情況下，只要稍微用一點小技巧，讓身體可以交叉的部位交叉來取代蹺腿這個動作，就能收到好效果。

女性只要一想配合男性做出相同的動作，就會發現有很多動作是女性做不來的。

在這種時候，當然就要求助於小技巧囉！像是，男性將兩腿大開而坐的姿勢，對女性來說非常不雅觀，這時就只要將手臂張開，意思意思一下即可。

「姿勢配合」這個小技巧，也會有失靈的時候。但如果剛好是在用餐，那麼只要和對方點相同的食物，喝一樣的飲料，利用這種小安排就可以巧妙化解了。畢竟，重點是要將「我們很像」這樣的訊息傳達給對方。

在扮演對方的鏡子時，需要注意的重點有二個。

第一個重點，因為模仿的是映照在鏡子裡頭的動作姿勢，所以出現的動作姿勢必須和實際左右相反。如果對方舉起左手，那麼妳就要舉起右手。

第二個重點，不要讓對方察覺到妳在模仿他，進行的時候，請記得要自然而不著痕跡地配合對方的動作姿勢來做改變。

直到現在，「姿勢配合」的這個小技巧，我想仍被許多人視為是很理所當然的破冰訣竅。一開始，我也認為這個技巧實在太單純、太簡單了，因而對之抱著半信半疑的態度。但隨著接二連三的闖關成功，我深深地體悟到了這理所當然、既單純又簡單的技巧所帶來的神奇力量。事實上，或許直到現在，這個訣竅仍是讓我最在意的一個。

如果妳有個無論如何都想要引起他注意的對象存在，我強力推薦妳一定要試試看「**姿勢配合**」這個訣竅，用我和你很像這一招，向對方自我推銷並吸引對方的注意。在一開始的五分鐘，請使用外表來進行對話。

就是會對「懂自己」的女生感到在意

在「一開始的五分鐘」內，使用外表來說話。首先，記得要採取的是「姿勢配合」這個技巧，藉由態度或姿勢動作，來向客人展現妳和他很相似。其次，要在還不清楚彼此的談話內容之前，利用聲調等讓對方先喜歡上妳的聲音，然後藉此留下好印象。

在還是新人的時候，我常因為不懂拿捏分寸而惹得客人大為光火。

在聲音中帶著情感，開朗地打招呼，我就用這樣沒有調整過的聲調高低、節奏、分貝，不斷地和客人聊天。那位客人講起話來一直輕聲細語的，我心裡才想著這樣很難聊下去，而正準備火力全開炒熱整場氣氛的時候，

「不好意思！妳講話的方式讓我感到很疲憊。妳可以安靜一點嗎？」

客人卻對我下達了這樣的指令。

打完招呼後，立刻應聲是業界的鐵則。

或許將人際關係比擬為兩人大跳交際舞，是最適合的比喻了。

對踏進店裡的客人，通常第一聲都要這麼喊：

「歡迎光臨！」

「您好！我是水希！」

在這個階段，必須展現銀座女性的作風，不僅要有氣質、開朗，聲調中還要帶有像是見到自己最愛的人時的愉悅感，綻開甜美的笑靨向客人打招呼。就跟我們在日常生活中會做的事一樣。

在日文的漢字中，所謂的「挨拶（あいさつ）」的「挨（あい）」有「打開」的意思，而「拶（さつ）」則有「接近」的意思。因為人與人之間交際的基本原則，首在打開自己的心，先他人一步開朗地向對方打招呼，接著才是打開對方的心防。掌握一開始短短的幾秒鐘，無論對象是誰，只要用充滿情感與開朗的聲音，並帶著滿臉笑意，便能輕鬆擁有打開社交大門的交際魅力。

在打完招呼，開始和對方進行交談後，就到了要使出訣竅的關鍵時刻了。我們每個人都喜歡和自己相似的人，所以接下來，我們要利用聲音傳遞訊息給這些與我們相似的人。下面是與此相配合的三個重點：

1 聲音的高・低
2 聲音的節奏
3 聲量的分貝

一開始，要先讓對方領著我們跳舞，配合著姿勢，配合著聲音，慢慢製造出兩個人之間的整體感。令人開心的是，一旦製造出兩個人之間的整體感後，雙方的心情自然而然地就能互相傳達並引起彼此的共鳴，進而讓彼此心意相通。

例如，配合著客人的輕聲細語，我也回以緩而低沈的聲調來進行交談。不久之後，心情放鬆的客人一面回味著自己與孩子間相處的快樂回憶，一面和我分享。透過客人的這個舉動，可以看出我用心地把他當作貴客來款待的訊息已經順利傳達給對方了。

慎重其事地將心意傳達出去後，主控權便回到了妳的手中，這一次，要由自己自然而主動的，採用緩慢而低沈的聲調來說話，用更純熟的默契及精湛的舞藝，將這支對話雙人舞發揮得更淋漓盡致。

「聽起來，您和孩子之間的互動還真是不錯呢！」

這種理所當然的應對，只要發自內心抱持著自然的心情就會有這樣的好結果。所謂的客人，就是我們要在情感層級上尋找出彼此的共同點，以便將更多有關於「我們很相似」的訊息傳達給對方。

配合對方的姿勢，讓對方產生「這個人和我很像，我可能還滿喜歡這個人」的想法，來加深對方對自己的好感；接著，再配合聲音，就可以將「這個人很懂我」的重要訊息順利傳達出去。

在我還是女公關菜鳥的時候，那些很ｈｉｇｈ、情緒很高昂的客人常會讓我手足無措。

「妳是不是把我當蠢蛋，不把我當一回事啊！妳別待在我這桌了！」

我曾經被客人吼過這種話。那個時候的我，壓根就沒有把客人當作蠢蛋，被誤解的委屈讓我感到很悲傷，因此深深地厭惡那位在眾目睽睽之下，不留餘地出聲吼罵我的客人。

直到現在，我終於理解自己之所以壞了客人興致的真正理由。因為我並不擅長應付很ｈｉｇｈ、情緒很高昂的客人，而是真的把這一類型的客人當成蠢蛋，事實就如同當初那位客人所說的一樣。

「蠢斃了！幹嘛ｈｉｇｈ成這樣？」

如果打從心底這麼認為，想當然爾，這種想法就會隨著聲音、表情、動作詳實地傳達給對方啊！

「聲音配合」，就是要請妳先暫時把自己真正的想法擺在一旁，並試著讓腦筋和內心保持一片空白。這麼一來，就能夠將妳從只是讓人感覺到「和自己很神似」的女性，一口氣上推到讓人感覺很「善解人意」的女性寶座。

前一陣子，店裡一口氣來了六位熟客，同時，第七位客人也剛好到了，我觀察了一下立刻感到不妙，因為那一類的客人正是我最感冒的類型。

「水希美眉，那一桌的客人在叫妳囉！水希美眉妳啊！還真沒有一個客人搞不定呢！」

客人對我這麼說道。

「沒這回事。我對那一類型的客人很沒輒，所以通常媽媽桑都會替我回絕掉，不會找我過去的啦！」

「水希美——眉」

「妳聽聽！果然在叫妳了！當家花旦，加油啊！」

步。

老是惹毛客人，讓客人大為光火的我，竟成長到了連我自己也感到不可思議的地步。

在一開始的五分鐘，讓外表來說話。接著第二個要使出的訣竅才是「聲音配合」。在進行聲音配合的同時，當然也不能忘記要滿懷著情感喔！

努力蒐集從態度中所發出的YES・NO訊號

這麼看來，在一開始的五分鐘內，要注意到的事情還真的是滿多的呢！配合對方的姿勢，向對方展現自己和對方的相似處；再根據情感層級的不同來調整、配合對方說話的聲音。在這裡，我們要談的是能夠洞悉對方真心話的訣竅。

例如，因為客人看起來一副很熱的樣子，所以我就試著這樣出聲問了：「需不需要我幫您將外套寄放到櫃檯去呢？」結果客人回答我：「這樣啊！那就拜託妳囉！」而且回答的時候，他眼睛還直直地看著我的眼睛。透過客人看著我的眼睛的這個動作，我便理解到這位客人發出的是ＹＥＳ的訊號。

接著，如果在動手調摻水威士忌的時候，如果客人提出了：「啊！今天喝太多有點醉，摻水威士忌就免了，可以給我一杯烏龍茶醒醒酒嗎？」這種要求而主動出聲拒絕了下一杯酒時，因為他在回絕我時，並沒有直接看著我的方向，而且還是用吊起眼角的表情說了這些話，所以這就代表著客人向我發出了ＮＯ的訊號。

在交談了一陣子後，因為客人看起來還是一副很熱的樣子，於是我便再次開口問了：「需不需要我把冷氣調強一點？」但客人的回答是：「不需要！沒關係！」可是，觀察客人臉上的表情變化，發現客人的眼睛並沒有看著我的方向，而且還帶著眼角吊起來的表情，而這副表情就代表客人發出了NO的訊號。換句話說，那句「不需要！沒關係」其實並不是客人的真心話。

「連我們這些在座的女公關，穿著薄薄的洋裝都感覺到有點熱呢！我把溫度調低一點喔！」聽我這麼一說，客人的眼睛立刻看往我的方向，用鬆了一口氣的語氣說道：「真的嗎？溫度調低一點我會比較舒服。我還以為妳們都覺得很冷呢！」

人們會說出口的，未必都是真心話。想要洞悉客人的真心，只要多用點心抓對時機，就可以讓客人感受到女公關對自己的事情還真是觀察入微呢！

在後面的篇章裡，我們將說明該怎麼透過感性的面向，來發現對方用只能意會而無法言傳的方式所表達出的YES・NO訊號，這個部分相當重要喔！只要可以知道對方的「真心話指標」，在接下來想要擴展談話的深度及廣度時就會非常順利。

畢竟，這是相當淺顯易懂的判斷標準。

對方的身體是打開的還是緊閉的？當對方的身體呈現打開的狀態時，這就表示

「對方已經接受了妳（妳的意見）」，而發出了YES的訊號。相反地，當對方的身體呈現緊閉狀態時，則表示對方發出了NO的訊號。

第一次被常客帶來店裡消費的客人，因為會被常客給完全丟在一旁，所以總是處在緊張、警戒的狀態中。坐不安穩、雙腿交叉、雙手抱胸，不知怎麼搞的老是一副想捍衛什麼似的，讓身體採取著緊閉封鎖的狀態。通常，來店裡的新客人有九成以上都會有這樣的情況。其中還有些客人會緊抱著公事包、大衣或外套不放，藉以尋求安全感。

雖然一開始身體的某個部位會一直保持著緊閉的防衛狀態，但有趣的是，隨著時間的經過，一旦慢慢習慣了店裡的氣氛之後，就會變成雙腳打開而坐，放下環胸的雙手，恢復成輕鬆自在的神態。

熟客的情況也一樣，在自己很熟的女公關面前明明身體都是打開的，但一見到有新人出現時，雙手就會突然抱胸顯現出不安的神色。

在覺得對方很面善，卻又想不起在哪個飯局或洽商場合中見過對方時，只要持續觀察對方身體開合的程度，就可以判斷出對方目前對自己的接受程度有多少。

一般而言，當出現了雙腳不停的來回交疊，或者是雙腳抖個不停的情況時，這就顯示了這個人目前處於焦躁不安的情緒中，也可以說對方在當下是心不在焉的。

其次，是根據拿捏自己與對方之間所保持的距離，來判斷彼此心理上距離的方法。

美國心理學家林恩・可恩・考格爾（Lynn Kern Koegel）*經實驗證明，男女間的物理距離如果愈近，他們彼此之間的心理距離就會愈近。

那麼，針對這個所謂的距離感，實際上該怎麼操作運用呢？

我自己的情況是，先假裝要變換坐姿，一點點慢慢地往客人的方向靠近。若是客人還沒有對我完全打開心房解除警戒，就會跟著我改變座位，好調整恢復成彼此間原有的距離，這就是客人對我發出了NO的訊號。

如果沒有坐在客人的隔壁時，就可以利用玻璃杯來測量一下彼此的心理距離。趁著拿起酒杯喝酒的機會，刻意把自己喝過的酒杯放到客人酒杯的旁邊。

如果客人很快地拿起自己的酒杯喝酒，並且在喝過之後將酒杯移往別處，這就表

*註：教育心理學博士，也是世界上治療自閉症最重要的專家之一。她和她的先生在加州大學聖芭芭拉分校創辦了知名的自閉症研究中心。

示2個人之間的心理距離還很遠，也表示客人發出了NO的訊號。

變換座位，或是放置酒杯這一類技巧的運用，雖然要靠日積月累的不斷試行才能愈磨愈靈，但在技巧尚不成氣候而無法成功理解客人真心話的時候，也不失為確認彼此間相處狀態的最佳判斷基準喔！

到目前為止，上面提到的可以利用物理上的距離來探測心理上距離的方法，終究也只是結果可能會出現有此強烈傾向的一般說法而已。只要經驗累積夠了，就會如同一開始所描述的一樣，可以直接察覺到眼前這個人的反應是代表YES抑或NO。

實際操作的方法很簡單。請一面向對方提出可以用YES・NO來回答的問題，一面配合底下四個需要注意的重點來仔細觀察對方的反應。

1. 眼神的流動
2. 臉部的表情
3. 呼吸的方式
4. 姿勢的變化

實際上，我們可以像這樣操作。

「今天白天的天氣很涼爽，讓人感到很舒服呢！」

這個發問可以讓對方明確地用YES・NO來回答，而且問題也不會模稜兩可而讓對方難以作答。

「是啊！真的很舒服呢！」

當客人這麼回答時，接著我們就要利用前面的四個重點來確認客人的反應。是一瞬間眼睛突然張開回答？是臉頰稍微往上抬？是深呼吸之後才開始回答？還是一邊點頭一邊回答之類的。相信各位一定能夠從中發現，並接收到對方針對問題所發射出來的各種訊號。總之，就是要先把對方用來表示YES的訊號記下來。

「會嗎？我感到有點涼颼颼的耶。」

如果客人像這樣回答了NO的答案，也請不要焦急，因為這個問題的作用只是投石問路，我們只不過是要利用這個問題來蒐集對方說NO的時候會出現什麼樣的訊息而已。

接著繼續發問：「您和〇〇先生，認識很久了嗎？」如果有拿到對方名片，還可以這麼問：「您任職於○×公司對嗎？」或者是問對方：「需不需要我幫您將外套寄放在櫃檯呢？」像這樣持續不斷丟出這類可以用YES・NO來回答的問題。如此一來，我們就可以收集到許多訊號，並確實將這些與YES・NO相關的訊號牢牢記住。

這就是洞悉對方真心話的技巧。隨著交談次數的增多，對方就會慢慢升起防禦心，並開始巧妙地針對問題有所隱瞞。在初期階段，利用簡單的問題來收集YES・NO的訊號是相當重要的。讓我們一起朝著藉由對方的身體反應，就可以洞悉對方的真心話而努力吧！

這是讓男性淪為一級戰俘的「三個死穴」

在從事女公關這一行，接待過幾千名男性客人之後，我發現了能夠獲得男性青睞的秘訣。儘管我發現的都是很理所當然的事情，但只要能貫徹到底，受到男性歡迎的級數，便可以成功地連升好幾級。雖然在「一開始的五分鐘」內很難做到這一點，但如果可以事先把這個重點放在心上，接下來就會有好事發生喔！

首先要說到的第一個死穴，這在我自己的秘笈裡頭也算是鐵則。

那就是，要和客人外出用餐時，一定要把選擇權留給客人，讓客人選擇自己喜歡的店。

當然，大多數的客人一定會像這樣詢問我的意願：「我可以帶水希美眉去水希美眉想去的任何一家店喔！水希美眉妳想去哪家店呢？」儘管我也有想去的店，但我都會先忍耐住。

「人家我想去〇〇先生平常愛去，也最喜歡的那家店。」

要這樣把決定權技巧性的回送，反過來拜託客人。

男性在第一次開口邀約自己喜歡的女性時，通常都會渾身充滿幹勁，不管對方做了什麼無理的要求都會答應，想藉以展現自己最好的一面給女性看。因此，將決定權回送給男性的話，就能讓男性覺得自己勝券在握。

勉強請對方帶自己到對方平常不會去的店家，因為那裡並不是對方平常所習慣的空間，所以在用餐的過程中，就會讓對方感到非常緊張。這樣一來，不僅無法有效縮減彼此的心理距離，更容易讓對方留下妳是個「令人感到疲憊的女性」這種吃力不討好的印象，如此將會對自己相當不利。

相反地，只要去了「老地方」，因為客人對那家店的大小事都瞭若指掌，所以自然而然地就會表現得優雅得體，整個人也會散發出輕鬆的感覺。不需要特別費心努力營造，就能一口氣拉近兩人間的心理距離。另外，也能讓對方留下妳是個「可以令人感到放鬆的女性」的好印象。

在會話時也有會讓妳變得受男性歡迎的必殺穴道。要按下這個穴道的條件是，得讓男性開口說話。

第二個穴道就是要讓男性心情變好。

要男性開口說話的重點在於，要讓男性感覺到妳正在聆聽「一門相當深奧專精的學問」。

在我的客人中，當有些客人比較不好應付，或是找不到自己與客人間的共同點時，我就會替客人規劃出一段專屬於他們的「演講時間」。例如，如果這位客人精通紅酒，我便會要求他針對「紅酒」這個主題開講；如果客人熱愛歷史，就讓客人開口講古；如果客人瘋戶外活動，就讓他舉辦一場嘴上戶外活動。

一旦少了對話就會感到處境尷尬的，不是只有妳，客人也一樣。而且在這種情況下，會覺得尷尬困擾的反倒是拙於言詞的男性那一方。因此，我會一邊施力按摩這個能讓氣氛好轉的穴道，一邊讓客人自然而然樂在其中地開口說話，以抒解彼此的尷尬。

我們可以利用「知識淵博」為題材來央請客人開講。男性對於自己所擅長的領域，要他講幾個鐘頭都沒有問題，可以說有如懷著許多「淵博的學識」。平常即使想講也沒有場合或聽眾可以讓他講，所以一旦給了他們開講的機會，他們自然而然地就會知無不言，言無不盡，恨不得一股腦把自己所知道的東西全都講給別人聽。

儘管我自己對客人所講述的內容絲毫不感興趣，但我還是會一直：「嗯嗯。然後呢？接下來怎麼樣呢？咦——、原來如此啊！」地隨著內容往下追問。我並不是想聽開講的內容，而是樂於見到客人說話時一臉生氣勃勃的樣子。

炒熱開講話題之後，就要裝出一臉興致勃勃的樣子，好將「演講」現場的氣氛一口氣推上高潮。

第三個穴道，就是讓對方想對妳窮追不捨。

例如，「我想如果是〇〇先生的話，對這方面一定很清楚」，利用這樣的話作為開端。

「其實，最近我打算搬家，不知道您覺得哪一區比較適合女性居住呢？」

「其實，最近我想要買車。」

「我在想要不要去考個財務規劃師的證照。」

接著針對與客人工作相關或擅長的領域，提出這一類需要對方提供自己建議的問題來請教對方。

以我的情況來說，因為我的客人大多屬於人生經驗豐富型，所以我都會使用：

「請教一下如果想提升心靈層次，哪一本書比較適合我看呢？」

「我無法對父母親坦誠相待……」

以這一類需要對方提供充分建議的問題來導出話題。這個穴道，是以諮商的形式存在，所以需要利用尋求建議的方式來進行適當地按摩刺激。

在這個模式中，絕不可以把真正的煩惱帶入請教客人的問題中。要選擇現在已經解決了的問題，不要拿剛發生的問題來當作交談的內容。如果把真正的煩惱說出口而作為發問問題，不僅無法冷靜聆聽客人說的話，更有可能會因為愈聽愈憂鬱而把場面搞砸。

像這樣利用上述的方法讓男性主動開口說話，就會有下面兩件好事發生。

首先是男性可以藉由向妳談及自己擅長的領域，來感受到自己存在的重要性，並因此而獲得滿足。我相信各位也是一樣的，對於自己可以成為某人重要的存在，會感到相當開心，對吧？而男性要比女性更容易在這件事情上獲得滿足。

第二件好事是，藉由讓男性主動開口說話，就能相對減少需要向男性傳達關於自己訊息情報的時間。

「今天也都是我一個人在講話！每一次在見到水希美眉前，明明都想著這次一定要聽水希美眉說說自己的事。結果，還是老樣子，根本沒有瞭解到水希美眉什麼。就因為這樣，所以我才會老想著要往水希美眉這裡跑吧！」

紅牌女公關水希我，常常被客人這麼說。

男性是一種喜歡追著獵物跑的生物。總是會自己掀開全部底牌的女性，很容易讓男性感到乏味而失去興趣。男性喜歡的，是那種可以讓自己窮追不捨，又能持續刺激自己獨佔欲的女性。

讓人倍感安心又能舉止得體優雅的穴道；讓氣氛變好的穴道；讓人想窮追不捨的穴道；只要能壓對這三個穴道，妳就能成為最有魅力的女性。

第二章

相遇後的十分鐘內，
不可以自己主動說話

一開始就要引爆話題炒熱氣氛

在第二章中要介紹的是在相遇後的十分鐘內會用到的訣竅。在這短短的十分鐘內，請切記不可以只光顧著自己一個人說話喔！

溝通這門學問，與其用兩人接球運動來比喻，倒不如用跳舞來形容更為恰當。請把溝通一事想像成是在跳雙人舞，一開始要將掌控權完全交給對方，妳只要把注意力集中在配合對方的呼吸上就可以了。

在相遇後的十分鐘內，我們所想要達成的事情有以下四件：

1 言語面

①會話的題材。

②不動聲色地讓對方變得想要繼續聊下去。

2 態度面

③觀察並瞭解對方的感性（感覺）。

④將「我對你很感興趣」這樣的訊息傳達給對方。

接下來，我要按照順序針對這四件事情來為各位進行說明。

首先，要談到的是言語方面的會話題材。可是在談論會話題材之前，如果可以先熟練提高話題成功機率的技巧，就能一口氣拉大與其他女公關之間的距離而搶得先機。

客人一進入俱樂部消費，店裡的男性工作人員就會先替客人帶位，然後介紹店內的消費規則。接著，才會輪到我們女公關出場，到客人的席位上一一打招呼。女公關和客人之間的互動溝通，就從這裡開始揭開序幕。

在高聲喊過「歡迎光臨」後，順手遞上濕紙巾，並開口問候致意，接著動手準備飲料，從這個地方開始就是勝負的分水嶺。

「為您準備摻水威士忌可以嗎？」

「嗯（或者是反問「有烏龍茶嗎？」）」

「好的！摻水威士忌（烏龍茶）是嗎？我瞭解了！請稍等一下。」

「嗯。」

「請享用！這是您的摻水威士忌（烏龍茶）。」

「謝謝妳！」

「請先享用！」

「啊啊、謝謝妳！」

「我們有這個榮幸陪您喝一杯嗎？」

「好啊！當然！當然！請一起喝。」

在這漫不經心的對話中，各位知道其中暗藏了什麼玄機嗎？

說得簡單些，就是被安裝了「YES套組」。也就是設下了會讓客人連續反覆回答三次「YES」的機關。

藉由客人對妳連續說出三次「YES」，就能營造出肯定傾向的效果。這麼一來，在接下來的對話中，不管出現什麼問題，就算客人並不想回答「YES」，也仍會在不知不覺中回答出「YES」。

在無意識中，不動聲色地讓對方肯定自己，也向對方展示了，「今後的溝通之舞，若是和自己一起跳會相當愉快喔！」這樣的訊息。

如果是各位的話，可以利用名片或者是天氣當作題材，來展開彼此的「YES」

對話，這樣也很不錯呢！在交換名片的動作結束之後，

「I先生，您好！很高興認識您！」

「彼此彼此！我是I。請多指教！」（YES1）

「I先生就職於NK公司啊？」

「是的。K先生，則任職於M商事*。」（YES2）

「這樣啊！那麼，I先生是隸屬於營業部對嗎？」

「是的。說是這麼說啦！但也只不過是個小助理罷了！」（YES3）

這些都是聽起來稀鬆平常，可有可無的對話，對不對？只要由自己點燃對話之火，並活用YES套組的設定，就可以強烈地將訊息根植於對方的潛意識中。所以在進行對話前，請一定要先製造出能夠脫口回答「YES」傾向的話題喔！

藉由YES套組成功製造出肯定傾向後，接著就要導入能夠掌握對話開端的話

*註：所謂的「商事公司」，是指籌集資金並把這樣的資金用在有明確營利目的的公司。

題。說到要能刺激氣氛的話題，以我在俱樂部待了這麼久的經驗來看，感覺上無往不利的安全牌，就是與外表有關的話題。

一般男性似乎多對手錶、鞋子特別講究。如果觀察了對方的手錶或鞋子後，沒有特別感覺，那麼就再檢視一下客人身上的西裝、領帶、手帕、袖扣、襯衫的廠牌等，然後把它們當作話題。

例如，「我從剛剛就一直很在意，您手上的那隻手錶是不是○×牌的？看起來好像是他們家的特別款呢？」

「沒錯！沒錯！這是專為世界盃足球賽所設計的紀念錶款，是限定商品喔！」

如果客人這麼回答，很明顯地他就已經是妳的囊中物了。接下來，妳只要針對世界盃足球賽這個話題繼續往下聊就可以了。

如果能完全命中對方所講的重點，只要稍加利用下一頁所提到的訣竅，就可以讓對方往下聊，就算要持續交談個三十分鐘也沒問題喔！

首先，要利用ＹＥＳ套組製造出肯定的傾向。接著，再用言語面中的第一個要點——話題，來引出對方所講究的地方。

「點頭」達人，光是靠點頭就能讓話題持續

利用YES套組製造出肯定傾向的對話模式，可以讓交談變得順利。在接下來的這個小節裡，我將傳授在態度面上該如何將「我對你很感興趣」這樣的訊息傳遞給對方的秘訣。

在銀座這個夜世界裡，如果劈頭就問：

「請問您在哪裡高就？」

「請問您的興趣是什麼？」

「請問您的出身地是？」

這麼大剌剌而過於直接的發問，實在不算高明。做我們這一行的，甚至連客人尊姓大名都不能開口問。這個不成文的規定，可以說是銀座的金科玉律。

在相遇後的十分鐘內，是彼此過招，一探對方究竟的時間，也是用來秤秤對方斤兩，以瞭解出現在自己眼前的這個人是怎樣的一個人的時間。因此，如果單刀直入地開口發問，結果會怎麼樣呢？當然就會搞得客人老大不爽，情緒很糟。要是別人也用

同樣的方式來對待妳，想必妳的心情一定會像有人穿著鞋子踩了妳一腳般。

這類問題，很容易會讓對方有被「責難」的感覺。

N先生素以龜毛、愛挑剔聞名。N先生這個人雖習慣主動跟別人講話，可是，只要是N先生所談到的話題，N先生不只會要求對方好好回答，還會要求對方擴大對話範圍。這是我第一次前去N先生那桌時所發生的事情。

N先生：「從明天開始我要到福岡出差。」

水希：「到福岡出差嗎？早上要很早出門嗎？」

N先生：「妳啊！要問別人問題的時候，難道不知道要先問過可不可以發問嗎？而且要取得對方的首肯之後，才能發問的不是嗎？妳這黃毛丫頭還真是沒禮貌呢！」

像這樣子的對話，應該只會針對出差的內容繼續往下聊對吧！雖然N先生不算是太極端的例子，但為了讓對話能夠順利繼續下去，我們不得不向N先生請教必要的相關事情。

只一相情願地思考著要問什麼樣的問題來深掘話題這種作法，並無法讓對話順利持續進行。要想對話能夠順利持續下去，最重要的莫過於要讓對方有持續交談下去的意願才行。

要達到這個目的，請各位一定要強化自己「點頭」的技巧。

對話有如雙人舞。為了讓彼此能夠輕鬆對話，我們要技巧且有節奏地點頭。就像在KTV唱歌時，只要抓好時機，並輔以間奏或用手打拍子，唱歌的人的情緒也會比較high，唱得也比較盡興，不是嗎？在對話中所使用的點頭可以分成以下三種類型，這些都可以運用來加入間奏，並製造對話節奏。

1 點頭的弧度為，將下巴往頸部靠近（微微點頭）
2 頭部動作加大，用力點頭（用力點頭）
3 點頭的同時不要忘了隨聲附和

1 點頭的弧度為，將下巴往頸部靠近（微微點頭）的穿插時機是在對方說話出現停頓或小空檔的時候。雖說是微微點頭，但還是要比我們平時點頭的幅度大，要比平常還要專注在點頭這件事情上，所以請隨時保持一邊聆聽對方說話，一邊點頭的習慣。

只不過在微微用力點頭的同時，點頭動作的大小一定要讓對方留下好像在說：「嗯！嗯！然後呢？然後呢？」的感覺。

②頭部動作加大，用力點頭（用力點頭），出現的時機在對方談話出現終結，也就是說話告一段落的時候。用力點頭的幅度，要比前面所談及的微微點頭來得大且深，讓頭部明顯往下低，感覺就像用點頭的方式來取代語言中「嗯～嗯、原來如此啊～。真讓我心悅誠服」的樣子。

首先，請反覆練習①和②這兩種點頭的方式，直到妳可以熟練地分辨它們之間的差異。雖說只不過是點個頭而已，但實際做起來就會瞭解到，要控制脖子的點幅，還真是滿困難的。請一邊照鏡子，一邊練習點頭。至少要練習到即使是在五十公尺遠的地方，都能看到妳在點頭。

當妳心裡想著這樣是不是有點太超過了的時候，就是最完美的點頭已經成形的時候。請把這樣的點頭練習，想像成脖子的上下運動來進行就可以了。

照著鏡子練習，抓到點頭的感覺後，為了能確實掌握點頭的重點，我們要使用電視來進行下一個步驟的練習。我們要利用購物頻道的商品說明、新聞節目或脫口秀，來練習點頭的時機和點頭的方式。要一直練習到讓點頭變成習慣性動作為止。

其次是，③點頭的同時不要忘了隨聲附和，要同時進行點頭和隨聲附和。在利用微微點頭製造對話節奏的同時，也請不要忘記嘴上要掛著像是「嗯」、「是」、「好」、「厚」、「呼」這一類的字眼。

在用力點頭時，要稍微把眼睛睜大，並請在「哼！」、「咦～」、「哈～」、「厚～」、「耶～」等此類字眼中，選擇說起來不會感覺那麼勉強且適合用在對話中的字眼，在點頭的同時搭配使用。稍微把眼睛睜大一點的表現，可以將妳對會話內容感到有興趣的這個訊息傳達給說話者，所以除了隨聲附和外，也要特別注意睜大眼睛的這個技巧。

事實上，光是「咦——」這個字的變化就有好多種，為了能擁有在話術中對應自如的詞語變化，心理治療師都需要進行反覆的練習，而練習之嚴苛簡直到了可說是訓練的地步。

點頭的作用並不是用來打斷對方說話，而是用來表示對對方的會話內容有「然後呢？接下來怎麼樣了？」的興趣，或用來表示對會話內容有了「原來是這樣啊」的理解，更有將自己「已經接受了唷！」的訊息傳達給對方的威力。

前面我們曾經提到過N先生。如果當時水希可以用點頭技巧來應對，水希就會從「不懂禮貌的黃毛丫頭」搖身一變為「非妳不可」的存在了。

我在接待N先生時的蠢樣子，直到現在仍被周圍的人戲稱為「點頭娃娃」，還因此被當成了笑話。我就這樣成了對付煩人精、挑剔鬼的箇中好手。

運用點頭技巧，在製造對話節奏的同時，還可讓對方知道對話的內容已經成功傳達給自己，而讓對方感到安心。這麼一來，對方也會在渾然不覺的情況下願意繼續開口往下聊。

正因為是自認為「很不會說話」，所以更該下定決心立志成為點頭達人。只要靠著點頭的技巧，就能讓對話持續一整個鐘頭喔！對話可不是只靠開口說話而已！

什麼是用來表示「還想知道接下來的發展！」的「小歸納術」？

會被滿腦子想著「該講什麼話好呢？」的問題搞得七葷八素、頭昏腦脹的，就是拙於言詞且不擅溝通的人的特徵。

當對方正在說話時，妳的腦海中在想些什麼呢？

大概也沒心思注意聽對方到底在講些什麼吧！該不會滿腦子都是「待會兒該說什麼好呢？」「這樣說的話，會不會被討厭呢？」「說那個的話，不知道會不會受歡迎呢？」這些念頭吧？

實不相瞞，過去的我也曾經為「該說什麼才好呢？」這個問題苦惱不已，甚至被搞得頭昏腦脹到要神經衰弱。在這個小節裡，我們要從言語面切入，學會神不知鬼不覺地讓對方自動想說個不停的訣竅。

最近發生了一件事。

「前一陣子為了打高爾夫球，我去了北海道一趟。這趟北海道高爾夫球之旅，還真的是相當令人回味呢！可能是我的心理作用吧！那個地方的綠色色調，看起來要比平常看慣的還要鮮豔。開放的氣氛讓人可以舒舒服服地打上一場好球，而且還很幸運的附贈了一位既年輕又可愛的桿弟。更叫我意外的是，我只不過是虛心坦率地接受了桿弟的建議，沒想到居然就拿到了優勝！並且也確定晉升為單差點球手＊。」

新人：「I先生喜歡打高爾夫球對吧？」

I先生：「我喜歡打高爾夫球。」

新人：「為什麼喜歡高爾夫球呢？」

I先生：「也說不上來，可能是它可以轉變心情吧！」

新人：「可以用來轉變I先生心情的，只有高爾夫球嗎？」

I先生：「嗯～嗯、還有其它東西唷！」

新人：「……」（發問意外告終）

滿腦子想著「非開口講點什麼不可」而搞砸了的新人小姐以為客人似乎非常喜歡打高爾夫球，所以採用了這種發問方式，但這樣卻很容易就扼殺了客人談及高爾夫球的樂趣，而破壞了現場好不容易才營造出來的談話氣氛。

在相遇後的十分鐘內，絕對不可以喧賓奪主地主導對話的內容，而是要徹底打造出一個可以讓對方輕鬆談話的環境。為了達成這個目標，就要熟練地使用「點頭・隨聲附和」的訣竅。其次才是「取代發問，利用歸納將對話內容串連起來」的訣竅。

如果不仔細聆聽，要確實歸納對方的談話內容是很難辦到的。不要只是左耳進右耳出，而是要一邊掌握對話構成的三要素，一邊細心傾聽。這是心理治療師在傾聽顧客說話時所使用的技術。

所謂的對話構成三要素，說明如下：

1 經驗　發生在自己身上的事情
2 行動　曾經做了某件事情・做錯了某件事情
3 情感　經驗・行動的原因所造成的情感
　　　　經驗・行動的結果所引發的感情

*註：指用八十一桿打完十八洞的好手。

我們利用這三個要素來試著拆解一下剛剛I先生所說過的話。

經驗　「在高爾夫比賽中獲得了勝利」
「替他服務的桿弟既年輕又可愛」

行動　「去了一趟北海道打了高爾夫球」
「虛心且坦率地接受了桿弟的建議」
「（舒舒服服的）打了一場好球」

感情　開放感、舒舒服服的、心情雀躍（桿弟既年輕又可愛）、虛心而坦率的心情、開心（贏得了勝利）、期待、洋洋得意（晉升成為單差點球手）

因為對話會不斷持續進行，所以只要依據構成三要素來拆解對話中的訊息，就可以瞭解到目前為止對方的話自己究竟聽進去了多少。

哪個是經驗？哪個是行動？哪個是感情？整個腦子充滿了對方傳遞過來的訊息，自然而然也就能聽得進談話內容了。這個歸納練習也可以利用電視來進行。

等妳聽得進對方談話的內容後，相對地，也就能將「我正在聽你說話，你所說的話我都瞭解喔」這樣的訊息回傳達給對方。

將訊息傳達給對方的方式，不是透過發問，而是要進行歸納。歸納也可以分成三種類型。那麼，接下來，我們就針對最沒有失敗風險，連初學者也能輕鬆上手的「小歸納」來實際演練一番。

所謂的小歸納，是將對方談話最後的部分歸納成短短幾行。如果是I先生的談話內容，我們可以將之歸納成：

「獲得了優勝呢！真的非常恭喜您！還晉升成為單差點球手了啊！真是了不起！」

用這樣短短四句話，來試著回應對方。使用的訣竅是要在不弄亂對話節奏的前提下，乾脆地進行歸納。「沒錯！沒錯！然後啊！還想聽聽後續嗎？」就這樣維持對話節奏，讓對方變得想繼續往下說。

將歸納出的小結論加入對話的時機，如果太過頻繁，會讓對方覺得討厭。約在五個用力點頭後，再加入一個小歸納的結論是最為恰當的。

於是，我在因為新人小姐的發問攻勢而導致I先生談話內容遭到腰斬的地方，加入了自己利用小歸納所得到的結果：

「因為意外取得了優勝，所以心情特別好吧！再加上眼前的獎座，恐怕整個人都興奮得要起雞皮疙瘩了呢！」

像這樣試著將話題軌道稍微修正一下，沒想到客人也跟著開心地往下接話：

「我從以前就以晉升單差點球手做為打球的目標喔！我這個人啊！說穿了就是喜歡什麼都要追求到極致才肯罷休。」

高爾夫球的話題因而得以繼續。

對話不是使用發問來追話，而是要利用歸納後的結論來做回應。善於聆聽的人，就代表也很擅長將自己已經充分理解了談話內容的訊息回傳達給對方。

不用發問也可讓話題繼續的「歸納技巧」還有一個

每次都讓水希化身為「點頭娃娃」的N先生。在接待N先生的兩個鐘頭裡，我通常都只能在點頭及提出小歸納結論中劃下句點。儘管只是點頭及提出小歸納，但這兩個技巧力量之強大可不容小覷。只要能善用小歸納技巧，便可以順利持續話題，這麼一來，苦於溝通的煩惱也會一掃而空。

歸納的技術相當重要，讓我們一起勤加練習，以得心應手為目標吧！

就像前面所提到的一樣，歸納可分為三個類型：

1. 鸚鵡學舌
2. 小歸納
3. 大歸納

從這裡開始，我們要針對前面尚未提及的「鸚鵡學舌」與「大歸納」來做說明。

所謂的「鸚鵡學舌」就如同字面上的意思，只是單純重複對方前面所說過的話。可以說是「嗯」、「是」等隨聲附和的變化形。例如：

「為了招待客戶，所以去吃了天婦羅。今天招待的客戶是德國人，疲勞的程度可是平常的好幾倍呢！」

「那還真的是累壞了呢！」

這裡所使用的方法，是利用重複前面的一句話來維持對話的節奏。方法看似簡單，所以常被廣泛介紹，但實際要操作起來，卻是相當困難。如果要利用剛剛的對話來進行拆解，可以鸚鵡學舌的重點就有好幾個。

「招待」、「天婦羅」、「德國人」、「平常的好幾倍」。

「鸚鵡學舌」的技巧之所以常告敗北的原因在於，會讓對方產生「咦？怎麼會在這個地方插話呢？」的詫異感，以致打亂了彼此對話的節奏。

例如，如果是前面那位客人的談話內容，就不需要把對方的話聽到最後，而可以適時地在途中做出「去吃了天婦羅啊？好好喔！」的反應來應對。

如果自認為鸚鵡學舌的技巧過於拙劣，那就使用隨聲附和及點頭的方式來確保對話的節奏。

「大歸納」法的使用意義在於，當談話中所拋出來的要素愈變愈多時，就可以用來歸納整理自己與對方的認知。這個大歸納對初學者而言，是相當困難的一種技巧。我在心理諮商的其它交談場合中，如果遇到非常喜歡說話，而且還滔滔不絕地說個不停的對象時，就會採用這個方式來稍微打斷對方的話。

實際上，應該還是不要打斷對話的進行比較好。但是，喜歡說話的人通常都會搞不清楚自己究竟想說什麼？大多時候在講到一半時就會忘記自己原本想講的、要講的東西是什麼，因此，最後都會演變成「咦？奇怪！我怎麼說到這裡來了？」的結果。

像這種時候，如果在聽取又臭又長的對話中，加入了點頭技巧而製造出了傳達給對方「自己興致盎然・理解」等訊息，這是很無謂的。在我還是個新人的時候，就常常因為在聆聽這種又臭又長的演說中狀況百出而惹毛客人。我常聽得心不在焉，點頭也點的敷衍了事，因此客人很難不察覺到我的不用心。

「水希美眉，平常妳打高爾夫球嗎？」客人明明是這麼問，但我卻回答了「咦？是這樣的嗎？」這樣的答案。現場馬上陷入了短暫沈默的尷尬，等到我發現時已經太晚了。因此受到了客人「水希美眉，我剛剛是在問妳話耶！我說的話，妳都沒有在聽吧！」這樣的小責難。

為防止再度發生這種失敗，我們要刻意製造一個時機點，在對方說到一個段落的時候，有意地穿插進自己根據對方的談話所整理歸納出來的結果。在歸納時，請依照下面的要領來進行。「發生了這樣的事情（經驗）；做了這種事情（行動）；因此，現在感到非常的疲倦，對不對？（感情）」

據說，我們可以集中精神聆聽對方說話的極限是六十分鐘，這六十分鐘的長度，是受過訓練的心理治療師所能忍耐的時間長度，普通人恐怕連五分鐘都聽不下去。為了要能確保自己在說話時的集中力，請利用「大歸納」的結果適時插話。

請不要擔心會因為說出了大歸納的結果，而遭到對方反駁說：「不！不是這樣的！是因為○○而××。」執行了大歸納之後，儘管歸納的重點偏離了，對方也會深深感受到妳的誠意，而興起「妳聽得這麼認真，接下來再不好好說明清楚就太對不起妳了」的念頭，進而開始努力與妳交談。

此外，要想提高這三種歸納法的精確度，還必須注意二個重點：

1 重要的事件

2 重要的人物・東西

就對方而言，重要的談話要素，一定會在他的談話中反覆出現。例如，

「前一陣子，我到泰國打高爾夫球去了。原本我對亞洲各國並不感興趣，但泰國還真是個好地方呢！好到連我自己都覺得不可思議，為什麼這麼多年來我會對亞洲各國毫不感興趣呢？慵懶悠閒的步調簡直像人間天堂。我考慮未來要多多走訪亞洲各國！」

在這種情況下，就可以充分瞭解客人想說的話。沒錯！重點就在客人最近開始對亞洲各國有了興趣。用一句話來說，關鍵字就是「亞洲各國」。在歸納做出反應時，一定要加入「亞洲各國」的字眼，這麼一來，表現就能獲得一百分。

如果是我的話，我會像這樣回應。

「去泰國打球，還悠閒地度了假，真是太幸福了！而且還發現了亞洲的新風貌。不知道您有沒有考慮過要征服亞洲的高爾夫球場呢？（笑）」

用歸納來取代發問以繼續交談。繼續談話內容的重點時，要記住用心琢磨小歸納・大歸納的技巧以求精進喔！

表現出「我們感性的地方很相似」可以獲得極高的點數！

我在聆聽對方說話時，會從說話對象的想法、感覺方式、行動類型、喜愛的東西、討厭的東西、重要的東西等各個面向，來收集眼前這個人的情報。換句話說，我想要瞭解眼前這個人，想要知道這個人的事情。

在這個小節裡中，我們要學會並記住的是，要從對方所說的「詞句」裡頭試著找出對方的感性穴道。

集中精神傾聽對方說話的這項作業，就連專業的心理治療師做起來都會覺得吃力。正因如此，所以更有必要利用能夠集中精神傾聽的訣竅，來聆聽對方說話。

在銀座和這麼多人說過話之後，老實說，在這些人之中當然會碰到無論如何都無法喜歡的人，以及無論如何都無法聽進對方的話的時候。

儘管如此，就算只有一個人，若是不能被客人喜歡就做不了生意，所以我只能拚命地抑止自己厭惡的情感。

可是，要壓抑自己的情感實在是件相當痛苦的事。像這種時候，我會先將個人情感的好惡放在一邊，使用訣竅來集中精神，以收集客人的情報，好徹底理解眼前這個人。

我所使用的訣竅，就是依據使用「詞句」性質的不同來區分出三種類型，以探究說話對象優先驅動的感性是屬於哪一種類型。我將它們分成了以下三種類型：

① 重視視覺型

② 重視聲音型

③ 重視感覺型

這三種類型的人，即使所描述的事情是同一件，但卻會因為優先驅動感性類型的不同，而導致在表現上出現些微的差異。例如：

① 重視視覺型

「在佛羅倫斯的街道上，處處可見文化復興時期的氛圍。」

② 重視聲音型

「在佛羅倫斯的街道上，文藝復興時期的氛圍似乎隨著清脆的鳥鳴聲四處流轉。」

③ 重視感覺型

「在佛羅倫斯的街道上，現在仍感受得到文藝復興時期的氛圍。」

同樣都是對佛羅倫斯所做的描述，但在表現方式上卻有些微的差異，各位瞭解這三者之間的不同點在哪裡嗎？

我們每個人在下意識中都有屬於自己的優先使用感性類型。不管是哪一類型的感性，都會在不知不覺中透過語言被表現出來。只要仔細留意，用心匯集對方所說的內容，就能正確無誤地理解對方的感性，並將「我很瞭解你所說的話喔」這樣的訊息傳遞給對方。

針對這類視覺型的人，我們可以用「聽你這麼一說，我彷彿也親眼見到了佛羅倫斯街頭文藝復興的氛圍了呢」這樣的話來作回應；而針對聲音型的人，我們則可以用「透過過去與現代的交融調和，我彷彿可以聽見佛羅倫斯的街頭在鼓譟著呢」這樣的話來回應；至於針對感覺型的人，我們則可以使用「您的談話似乎傳遞出了佛羅倫斯街道的氛圍呢」來回應。

因為是順著對方的感性走，因此可以讓對方下意識地感覺到我和這個人可能還滿契合的。

在製造話題時，也可以服裝為線索，來作為聊天的話題，

重視視覺型　「顏色很特別的領帶喔」
重視聲音型　「剪裁極為合身，真是一套很棒的西裝呢」
重視感覺型　「真是套質感摸起來很棒的西裝呢」

話題的重點巧妙地改變了。因為鎖定了對方的敏感處，並集中砲火猛攻的緣故，所以對方也會在不知不覺中自然地開啟話匣子。

前一陣子，我也才煞費苦心地使用了時尚話題元素來分析客人的類型。首先要判斷的是視覺型的客人：

「沒想到條紋西裝配上條紋衫，看起來還真是時髦呢！您喜歡做西裝打扮嗎？」

我這麼說到。

「嗯。謝謝妳的讚美。我個人非常喜歡。可是呢！我不在意樣式或花色的搭配，而是對西裝布料的質感特別講究。」

根據客人的回答進行分析後，感覺上，這位客人大概是屬於重視感覺的類型。因此，就要馬上切換應答模式，轉換成適合感覺重視型的應答：

「今天您身上這套西裝布料的質感，有什麼特別講究的地方嗎？」

歸納客人所說過的話後，來調整發問方式。這麼一來，只要客人感到龍心大悅，就會聊得特別起勁。話題也會從西裝的質材、縫製的方式，甚至到西裝品牌等一路延展開來。除此之外，如果將話題轉往手錶，這個話題就可以讓客人聊超過一個小時，想停都停不下來。

我們每個人都喜歡和自己很像的人（物以類聚）。如果在感性面上有相似之處，彼此契合的程度就會特別高。讓我們一起從對方的談話中，找出足以鑑定對方感性度的蛛絲馬跡吧！

從「眼神的流動」也可以看出對方的感性

在這個小節中，我們要掌握的是從態度面的觀察來瞭解對方感性之處在哪裡的訣竅。

我們的眼睛就像嘴巴一樣會說話。如果可以從對方的眼神當中知道對方心裡真正的想法，難道妳不會想知道嗎？

那麼，接下來我們就一起來探索看看，究竟該怎麼樣才能從眼神來看穿對方的想法吧！

下頁是眼神流動的圖例，我們要一邊參考這個圖例，一邊來進行解說。

在這裡我要特別強調的是，這個說法僅供參考。下頁圖例是經由統計歸納後的結果，只代表了一般人通常會有這樣的傾向，但並不是所有的實例都適用這個說法來解析。

下面，我們就一一照順序來進行說明。

首先，在某種特定的情況下，當對方沒有將心情或想法說出口時，對方的瞳孔

眼神擷取暗示Eye Accessing Cues

（上下左右，為從觀者角度所見到的方向）

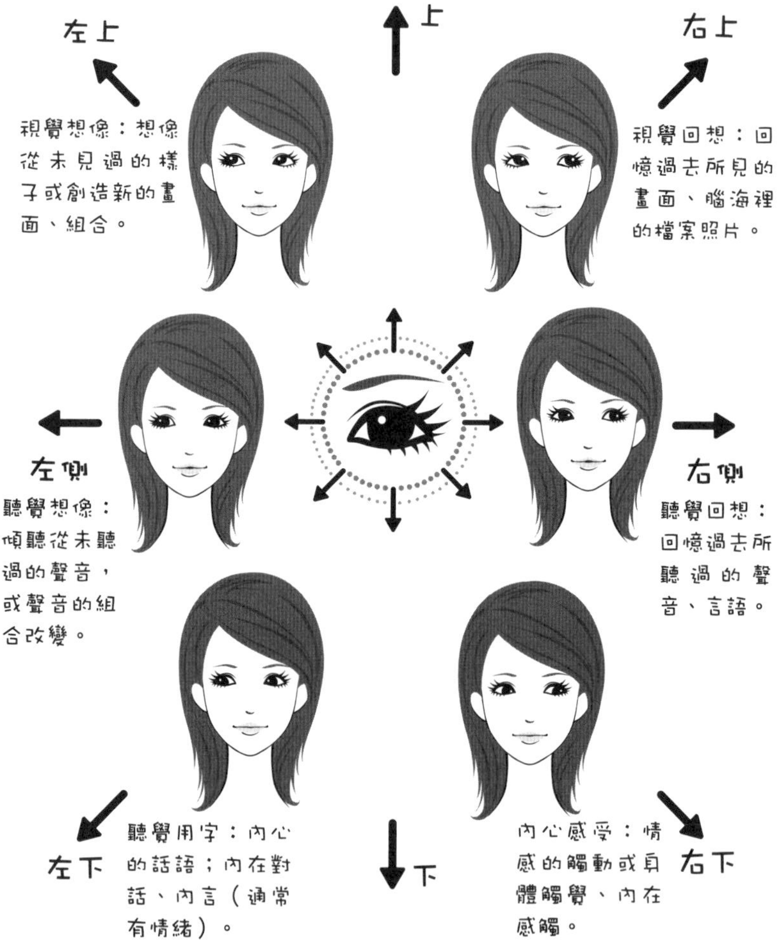
上
左上
視覺想像：想像從未見過的樣子或創造新的畫面、組合。
右上
視覺回想：回憶過去所見的畫面、腦海裡的檔案照片。
左側
聽覺想像：傾聽從未聽過的聲音，或聲音的組合改變。
右側
聽覺回想：回憶過去所聽過的聲音、言語。
左下
聽覺用字：內心的話語；內在對話、內言（通常有情緒）。
下
右下
內心感受：情感的觸動或身體觸覺、內在感觸。

會位於眼睛的正中央。其次，從自己的方向看往對方時，對方的瞳孔若是往右上方移動，那就表示對方正處於回憶過去所見的畫面或腦海裡的檔案照片，我們稱之為視覺回想。

相反地，如果對方的瞳孔是往左方移動，那麼，對方就是正在想像從未見過的樣子或正在創造新的畫面、組合，我們稱之為視覺想像。

例如，「昨天晚上你在哪裡喝酒？」當我們開口這麼問客人時，如果對方的瞳孔是看向右方來回答，那就表示對方是很認真地在思考自己昨天在哪裡？和什麼人？用什麼樣的方式喝酒？

但相反地，如果這個時候對方的瞳孔是看往左方來回答，因為瞳孔是位於未來圖像的位置上，那就表示對方正在憑空創造「自己要不要在哪裡？和什麼人一起喝個酒呢？」

像這樣，光從對方的一個眼神流動就可以瞭解到對方究竟有沒有在說謊。現實生活中，在電影《交涉人》*的主要場景裡，就有出現用眼神來測謊的名場面。

*註：日本電影。2008年1月以美女警察為主角，講述談判專家的電視劇《交涉人》，於開播後很快就得到廣泛支持，所以同年，便宣佈拍攝電影版，將談判故事搬上大銀幕。

相信閱讀到這一頁的妳，想必已經明白了箇中巧妙。沒錯！不妨試著學以致用看看，用這個小技巧來檢測一下妳的另一半有沒有在外面偷吃。

讓我們回歸正題來繼續討論眼球擷取暗示圖。在眼神往右側移動的情況下，就表示對方正在回憶過去所聽過的聲音、言語，我們稱之為聽覺回想。如果眼神是往左側移動，則表示對方正在傾聽從未聽過的聲音，或聲音的組合改變，對此我們則稱之為聽覺想像。說得更具體些，也就是當眼神左右移動時的會話形式，大多會與過去或未來的聲音話語有關。

當眼神往右下方移動時，就表示對方正在與自己的內心對話（通常帶有情緒），我們稱之為聽覺用字。像是在洽商時，如果對方的眼神往右下方移動，那就表示對方正在心裡仔細盤算著該怎麼進行這場會談。

當眼神往左下方移動時，就表示對方傾向於注意情感的觸動或身體觸覺等內在感觸，我們稱之為內心感受。例如對方會一邊觸摸著某個東西，眼神一邊往左下方移動。因此，一旦注意到對方有這樣的舉動出現時，就可以立刻接著說：「那個東西的觸感摸起來很棒，對不對？」聽妳這麼一說，對方一定會大吃一驚，並在心中暗想著，難道妳會讀心術不成！

這種觀眼知心的檢測方法，我們就稱之為眼球擷取暗示。當然，我們並不需要將這個訣竅名稱硬記下來。我們也可以藉由對方眼球擷取暗示的方式，來判斷前面所提到過的感性優先。眼球擷取暗示的方式，實際上要像這樣子來使用。

在單純的對話中，與執行YES套組模式時一起使用：

「今天外面很冷吧？現在店裡頭的溫度還可以嗎？」

用這樣的問題向客人發問。經由眼球擷取暗示的進行，從自己口中說出「很冷」兩字的瞬間，同時也問及了對方「溫度還可以嗎？」

透過這樣的發問，如果發現對方的眼神往左下方移動，那就表示對方正在感受自己身體所感覺到的溫度。因此，眼球擷取暗示的說法在這裡就可以成立。除此之外，也可以不經意的提及有關視覺情報或聽覺情報的話題，一邊聆聽對方所說的話，一邊觀察對方眼神的流動，藉此來收集與對方有關的情報訊息。

在這裡，我們還要為各位介紹例外的眼球擷取暗示。

■眼神固定往右下方移動

這一類型的人，通常會在自己心裡反覆叨唸著前面曾經說過的話，並且習慣自問自答。在眼神移動的同時，嘴巴也會跟著唸唸有詞。這類型的人，通常在開口之前只要有足夠的思考時間，就能辯才無礙。

■眼神經常會往下方移動

在和人初見面時，有些人會因為緊張而經常性地將視線往下方游移。像這種時候，在眼神（眼球動作）還沒有出現前，請不要妄下判斷將對方歸類成某一種類型。

■眨眼睛的次數很頻繁

腦袋瓜裡想東想西的，拚命在盤算什麼，因而呈現出緊張的狀態。

■無法歸納為任何一種模式

同時涉及到兩種感覺情報類型的人。這一類型人的言行舉止雖然很難從眼神的移動來進行判斷，但卻會在用字遣詞上展現出特別感性的一面。

每個人都有自己一套優先使用接近情報的模式。在聽取對方所使用的詞語的同時，再加上透過對方眼神流動所收集來的情報訊息，便能更有效提供符合對方類型的會話內容。

例如，妳可以試著這樣子使用看看。

有些人在和他人交談時，眼神會任意往右上或左上骨碌碌地來回轉個不停。這類型的人，就是屬於視覺情報優先的人。對於視覺情報優先類型的人，妳可以試著用：

「您身上這件條紋衫的顏色，和一般的條紋衫不太一樣耶！顏色相當出眾呢！」

這樣的話題切入看看。

這是一口氣拉大和其他人距離的訣竅。

重視視覺的人，大多都相當講究時尚，也打從心底希望他人可以針對自己講究的部分多少有所批評指教。因此，即使挑選顯眼的重點來製造話題，所得到的效果也會和其他人差不多。

例如，妳可以試著專注在對方領帶的縫製法上，或是提出西裝上的小細節。如此一來，對方就會很難不注意到妳，而且還會愈來愈在意妳。

底下是在銀座中司空見慣的對話內容。只要有稍微長相帥氣的男客人來到店裡頭消費，店內的女公關就會像跳針的CD般，不斷地重複著：「你真是風流倜儻呢！」

這樣的話來讚美客人的容貌。

像這一類人人公認的型男在聽到這樣的讚美後，難免會心生厭煩，並暗自想著「啊啊～帥哥或型男之類的讚美已經夠了！妳們這些女公關可是職業級的吧！除了這些，難道沒有別的話可說了嗎？」因而搞得客人情緒大糟。我們試著站在型男客人的立場來想看看，同樣的話走到哪裡就聽到哪裡，煩都煩死了。

因此，如果可以像接下來的例子一樣多用點心，就能讓客人感到開心。K先生是一位貌似福山雅治的大帥哥。我趁著新人小姐出聲大讚：「你好帥喔！有沒有人說過你長得很像福山雅治？」的同時，趁隙試探性地插入了「K先生的皮膚還真是光滑細膩耶！簡直不輸給一般的女性。吹彈可破的讓我都想摸摸看了呢」這樣的話題。結果，在接下來的三十分鐘內，話題成功地轉移到K先生的美肌秘訣上並開出了美麗的對話花朵。

比起刺激表面所得到的效果，刺激感性這個深層內在所得到的效果會強得多。找出對方感性的穴道後，就可以稍微加把勁施以力道有效刺激。

第三章

區分出對方的類型，
有效的「讚美隨聲附和」

男性是極為社會化的生物

相遇後已經過了十分鐘。單憑著「妳和我好像喔」這個小訣竅，在第一印象的入門考試裡，妳已經成功獲得了客人的好印象。接著要繼續抱持著興趣濃厚的態度，一邊向客人傳達我已經理解了你的談話內容這樣的訊息，一邊製造讓客人容易交談的節奏喔！

那麼，接下來，從這一頁開始所要介紹的是：

「嗚哇～雖然搞不清楚為什麼，但總覺得和這個人聊得特別投機呢！而且明明是第一次見面，卻天南地北的什麼都能聊。」

像是這樣會讓客人驚嘆連連的訣竅。

可是，前仆後繼來到銀座俱樂部的男性，到底所求為何呢？當我還在為業績不上不下而苦惱時，我待的那家店的R媽媽桑給了我這樣的建議。

「身而為人的水希該怎麼做？身為一個女人的水希該怎麼做？身為一個女公關的水希又該怎麼做？請按照我所說的順序仔細思考看看。」

當我按照R媽媽桑的建議，開始思考身為一個人到底該怎麼接待客人這個問題時，我第一個所採取的應對方式，就是徹底執行「讚美」客人這件事。

在第三章裡，我們要完全掌握並熟能生巧的訣竅就是「讚美隨聲附和」。所謂的讚美隨聲附和，就是要以彼此之間依照前面二章所根植下的信賴關係為基礎，充分發揮效力。正因為要開口讚美的是心裡對自己有「這女孩很認真地在聽我說話呢！這女孩和我還滿像的呢！這女孩真不錯呢！」如此想法的客人，所以才不能隨隨便便用社交辭令或阿諛奉承的說法來打發客人，反而應該要打從心底將真心「讚美」的訊息傳達給對方。

雖然很突然，但是試想，一般人會在什麼時候希望有人願意傾聽自己說話呢？有煩惱的時候；痛苦的時候或是再也無法一個人承受這些情緒的時候，就會很希望有人可以理解，而想找個人訴說，一吐為快。當然，在開心的時候，也會想將自己滿滿的快樂散發出去，而想說給每一個人聽，對吧？

我們藉由向對方說話這件事，來滿足想尋求共鳴的「認同慾望」及獲得肯定的「承認慾望」的本能。

正如同各位所察覺到的一樣，在一開始的十分鐘內，我們所必須滿足的是對方的認同慾望。

緊接著，則是要滿足對方的承認慾望。因此，就要使用「讚美隨聲附和」這個訣竅來一邊炒熱氣氛，一邊肯定對方。

接下來讓我們回歸正題。男性到底是在什麼樣的動機下，會前仆後繼爭相來到銀座呢？其根本的動機就是慾望。我將男性來到銀座想尋求的慾望分成了以下兩大類：

①生理性慾望……性的慾望
……母性的慾望
②社會性慾望……承認的慾望
……支配的慾望
……優越的慾望

①的部分即使不進行說明解釋，各位應該也能理解。這是身為一個女公關，身為一個女性可以滿足客人所期待的部分。在我資歷尚淺、道行還不足的時候，因為老想要儘早抓住眼前的客人，所以總是會將「虛擬戀愛」的方式帶入待客模式。

可是，為此而對我春情發動的客人，最長能維持個半年就已經是極限了。在幾經判斷並瞭解到自己無法得手時，就會連釣都懶得釣客人。於是，每每為了尋找下一個新的醉翁之意不在酒的客人而疲於奔命的我，簡直就像是在打精神消耗戰。

光靠著男性的慾望，是無法讓妳登上No. 1紅牌女公關寶座的；再說在銀座中獲得成功的媽媽桑，沒有一個可以算得上是美人胚子。

正如同R媽媽桑所建議的一樣，從身而為人的整個大類目來進行檢視的話，就會發現其實男性來到銀座的重點並不在滿足生理上的慾望。

男性也是人類，他們尤其可以說是極為社會性的生物。在驅使人行動的眾多慾望當中，男性想要滿足承認、支配、優越等慾望的想法，會比女性來得更為強烈。

因此，可以簡單同時滿足認同慾望與承認慾望的訣竅就是「讚美隨聲附和」。

雖然這是在成為心理治療師之後才瞭解到的事情，但光靠著「讚美」的技術，就足以療癒與丈夫死別的妻子的不捨與悲傷，可見「讚美」是可以給予人無比力量的強大技巧。

只是，不明所以的「讚美」，很有可能會落入社交辭令、逢迎諂媚或阿諛奉承之類的反效果。

看似簡單的讚美技巧，事實上難度頗高。我將長年在銀座接待客人親身體悟到的技巧，與身為一個心理治療師所應具備的知識及經驗，截長補短地兩相綜合，發展出了任誰都能做出成效並且更具實踐性的「讚美隨聲附和」技巧。

從下一頁開始，我將為各位講解該如何讓「讚美隨聲附和」更具效果及實踐性。

最近，婚活*成了時下最熱門的流行語。我認為只要可以成功滿足承認、支配及優越三大慾望的人，要想與理想結婚對象步上紅毯絕對不是夢想，而且日後的婚姻生活也絕對可以幸福美滿。

相反地，無法滿足承認、支配及優越三大慾望而因此渾身是傷的人，除了結婚外，不論是戀愛或生兒育女都無法順利進行。

要實踐「讚美隨聲附和」的技巧相當簡單，請務必趁這個機會學會喔！

---

*註：為了結婚而進行的一系列活動，包括聯誼、相親等。

「讚美隨聲附和」可以分成四種不同的類型

為使任何人都可以輕鬆實踐這個深具效果的「讚美隨聲附和」技巧，首先，我們要將讚美的對象分成以下四種類型。

1. 讚許類型
2. 慰勞類型
3. 自由人類型
4. 母愛類型

接下來，我們將要依照讚美對象類型的不同，分別進行「讚美隨聲附和」的各個實戰篇。在進入正式主題之前，請記得不管面對的是哪一類型的對象，在進行讚美隨聲附和的時候它們之間有兩個共同的規則。

第一就是「讚美隨聲附和」的時機。我們只要把讚美隨聲附和的時間點視為等同於「用力點頭」或「小歸納」的時間點就可以了。

另外一個重要的共同規則是，要檢測讚美隨聲附和是否有達到預期的效果。在出言讚美後，請不要忘記確認一下對方對讚美的反應。

在這裡，所要使用的技巧是我們在第一章中就已經學過的洞悉對方真心話的ＹＥＳ・ＮＯ訊號。在出言讚美後，要根據對方的反應來檢測對方究竟是發出了ＹＥＳ還是ＮＯ的訊號。

如果對方發出的是ＹＥＳ訊號，就可以依照之前判斷出的類型，繼續出言讚美對方。如果對方發出的是ＮＯ訊號，就必須停止打「讚許類型」這張安全牌，繼而轉變成「慰勞類型」的讚美隨聲附和，這麼一來就可以避免失敗。

那麼，從現在開始我們就一起依據讚美對象類型的不同，來學習如何讚美隨聲附和吧！

讚美隨聲附和的類型1「讚許類型」

如果要用一句話來形容讚許類型人的特徵，那就是「嚴厲的父親」。

下面是讚許類型人特徵的會話實例。

「在過去我們常說，辛苦的經驗，就算是要用買的也要買來用。」
「大致上，現在的年輕人都太沒有常識了。」
「女人在結婚之後就應該回歸家庭。」
「男人就是這種生物啦！」
「新人就應該早到，而且還要認真做好打掃的工作！」

通常，這類型人的用語大多具有強烈的偏見以及權威，責備・排他性也很強。反過來，我們也可以說這類型的人是屬於要求規律，而且擁有極為強烈的道德倫理觀。這一類人的說話語氣也老是一副非要人對他感恩的樣子，喜歡強把自己的意見加諸在他人身上，每每說起話來都覺得像是在說教。

讚許類型的人，通常多少會讓人有點反感。但也正因為如此，我們得反過來誇耀讚許型人的這個特徵，也就是要稱讚對方的嚴厲。

「哇～好厲害！這件事也只有N先生才做得到呢！」

「真是名不虛傳呢！那股追根究底實事求是的精神，正是斯多亞學派*1實踐避免理智判斷受到感情面影響的態度啊！」

「您母親本身的個性也相當一絲不苟呢！正因為有如此嚴以律己的母親，才能培養出您這樣優秀、讓人感到自豪的孩子啊！您的舉手投足真的是非常有教養呢！」

不光只是讚美而已，還要讓對方感覺受到頌揚。話雖這麼說，但這畢竟是屬於東正教式*2的讚美法，所以不需顧慮太多，請安心使用。如果因為拙於判斷以致分辨不出對方的類型而感到疑惑，那麼，只要打出「讚許類型」的「讚美隨聲附和」這張安全牌，包準妳無往不利。

讚美時改用「嘿耶～好厲——害」、「原——來是這樣啊」來取代用力點頭的動作。或者是，在小小歸納之後再添加上「讚美的言詞」。

各位還記得，為了讓高爾夫球的話題順利繼續下去，在第二章時水希使用了什麼樣的絕招嗎？

「贏得優勝了啊？真是恭喜您！聽說還晉升成了單差點球手呢！真的是好厲害喔！」

只要在話的最後多加上一句「真的是好厲害喔！」就能同時滿足對方的認同與承認慾望。

在這裡有一個要特別注意的重點。在稱讚讚許型人時，千萬不能假惺惺地一味奉承，如果讚美過了頭，反而可能會惹惱對方而自討沒趣。為了讓讚美奏效，得先有根

*註1：又譯斯多噶學派、斯多葛學派，古希臘哲學家芝諾約於西元前305年左右創立的哲學流派。斯多噶派把哲學劃分為邏輯學、物理學和倫理學。基本主張為宇宙是絕對的理性，理性能提供「共同概念」，使人人具有共同的經驗，從而以形成知識、真理的標準。

*註2：或稱東方正教，是基督教中的一個派別，主要是指依循由東羅馬帝國（又稱拜占庭帝國）所流傳下來的基督教傳統的教會。它是與天主教、基督新教並立的基督教三大派別之一。

據地設定好讚美的部分後再執行。

我們可以從前面第二章所說明過的對話構成三要素中，來找出這個根據。找出對方在經驗・行動・情感等方面可以稱讚的重點，接著再以這個重點為根據，出言讚美對方。

此外，如果是男性，還可以在根據部分增添進從世人的眼光來看屬於成就斐然一類的內容，那麼就更無懈可擊了。

例如，要出言力讚社長雄才謀略時，各位覺得下面哪一種說法才會收到絕妙的效果呢？

例①

「居然可以擔任A公司的社長，您真的是太傑出了！A公司是世界知名的大企業，只要一提起A公司的名號，應該不會有人不知道吧？能夠和這麼不得了的人物見上一面，我可真是三生有幸呢！畢竟，像我這樣的小人物是絕對不可能在如此具世界規模的大企業內身居要職的呀！」

例②

「光是提到A公司社長的名號，就足以壓倒群雄。即使現在已貴為A公司的社長，但再怎麼忙卻還是會在清晨六點時挪出時間學習，在他人所見不到的地方，仍然堅持著嚴以律己的信念，真是令人甘拜下風呢！」

在例①的讚美情況中，讚美的優先順位並不是A公司的社長本人，而是A公司本身。但是在讚美的同時，不知道為什麼竟把自己的能力與地位拿來跟A公司的社長相提並論，這麼沒有神經的讚美法，恐怕難逃社長的責難。像這樣假惺惺的讚美，只能說是找罵挨。

例②不僅稱讚了公司的規模，更具體的從社長本人持之以恆的學習習慣，來讚美社長嚴以律己的難能可貴。這樣的讚美，因為是站在理解對方的角度出發，所以聽在對方耳裡像逢迎諂媚或社交辭令的機率也會大幅下降。

我非常瞭解你。我對你抱持著濃厚的興趣。而你是如此的出眾！如果能將這些訊息成功地傳達給對方，不僅能舒緩緊張感，也能讓高懸的心安定下來。

只要一感受到對方的嚴厲，就請使用「**真的好厲害＋根據**」來讚美對方。

讚美隨聲附和的類型2「慰勞類型」

第二種類型是「慰勞」類型。慰勞類型人的特徵是，「溫柔慈祥的母親」。

下面是具慰勞類型人特徵的會話實例。

「○×君，你總是很盡心盡力，真的幫了我不少忙呢！」
「還會不會感到很疲勞？再多休息一下比較好喔！」
「會不會冷？要做好保暖，千萬不要感冒了喔！」
「不要擔這麼多心了，一切就交給我吧！」
「萬一發生什麼事的話，我會助你一臂之力的！」

溫柔、關懷他人、親切，並且總在言語中帶著憐愛體恤他人的言詞或態度的人，通常這類型的人都會讓人心生好感。

慰勞類型的人總是把別人當成自己，並且能夠設身處地替別人著想，具有喜歡將全數愛情傾注在對方身上的強烈傾向。因此，就像是要回應這類型人「無微不至的關懷」一般，我們要用慰勞的形式來表現讚美隨聲附和。

最簡單的方式就是使用「之前真是辛苦你了呢！」這樣一句安慰的話語，來一邊慰勞對方過去的辛勞，一邊讚美對方。

例如：

「唉呀！現在景氣這麼糟，我們公司也撐得很辛苦呢！雖然相較起來我們公司受到的衝擊還算小，但若要來銀座坐坐也還是會覺得困窘！不過，話雖這麼說，但也不能整天都愁眉不展的苦著張臉，對吧？」

「K先生的公司也受到波及？之前真是辛苦你了。因為最近完全沒有見到您來露臉，所以也不清楚整個狀況到底怎麼樣？」

「嗯。這次金融海嘯牽連甚廣，我們算是撐過來了。不過，像這樣來銀座坐坐露露臉倒還不成問題啦！」

如果是平常，在聽到對方說出「連來銀座坐坐都覺得困窘」這句話後，就會下意識地用「現在的時局真的是很艱難呢！」來回應、安慰對方。但我們不妨透過「之前真是辛苦你了！」這種使用了過去式的說法來安慰對方。短短一句話中，包含了「辛苦的是前一陣子，但現在狀況已經好轉，真替你感到慶幸」的意味。

如此，就可以一邊安慰對方，一邊讓現場氣氛好轉。

靠著這種使用過去式的說法，說出口的話便可以產生不同的安慰效果，而與其他人拉開距離。接著，再以「因為最近完全沒有見到您來露臉，所以也不清楚狀況到底怎麼樣？」這句話來讚美對方身為一個經營者不想讓周遭的人看到自己的脆弱而擔心的顧慮。

那麼，我們是從哪裡得知K先生不屬於讚許類型人，而是屬於慰勞類型人的呢？以下我們來檢視一下K先生的說話內容。

「不過，相較起來我們公司受到的衝擊還算小！」「但也不能整天都愁眉不展的苦著張臉啊，對吧？」在這兩句話中就出現了顧慮周遭其他人的用詞。讚美關懷會收到成效的，就屬於「慰勞類型」人。因此，只要對K先生施以「慰勞的讚美」，就能收到立竿見影的好效果。

對慰勞類型人不只要讚美他說過的內容，也可以藉由讚美隨聲附和他的行為來收到效果。

例如：

- 在露天咖啡座等地方，不知道從哪裡幫妳拿來蓋在膝上的保溫毯的時候
- 在有階梯的地方，立刻伸出手來扶妳的時候
- 在地板高度有落差的地方，伸出手讓妳扶，或者是扶著妳的腰，讓妳安全走下階的時候

像這些時候，就要抓緊良機多加上一句「謝謝」來慰勞讚美對方。

「謝謝你！這麼細心地察覺到我覺得有點冷，這個舉動讓我感到很窩心。F先生為人體貼，只要跟你接觸，我整個人都變得溫暖起來了」

要將這些話說出口，雖然會讓人感到難為情，但說習慣了也就覺得沒什麼了。因為好不容易找到了「體貼」這個足以稱讚的根據，如果不好好拿來加以運用就未免太可惜了。

這種「慰勞讚美」，對一部分讚許類型人同樣也能奏效。所謂的一部分，指的是

言談中會頻頻出現「嚴厲父親」特徵的人。通常，只要對這一類型的人施以「讚許褒獎」，他們多會出現NO的回應，而讓對話突然告終。

曾在第二章出場讓水希變成點頭娃娃的N先生，就是屬於完全讚許類型的人。N先生出言抱怨員工或秘書們一無是處、派不上用場。

「雖然您這麼說，但公司的業績還不是如此亮眼？這樣的結果，也只有N先生您辦得到呢！」

用這樣的言詞來回應讚許類型人。如果N先生出現了NO的反應而陷入短暫沈默，對話就會到此結束。這時，我們就要繼續下一個有關問題員工的話題：

「業績總是能夠持續穩定成長，真的是相當不容易呢！N先生的想法果然有什麼地方是與其他人不一樣的。在人後，還要操心那些沒有幹勁的員工，或是那些無法達成共識的員工，真是既勞心又勞力呢！在今天之前，我都沒有察覺到您不為人知的辛苦面。今天聽您聊了這麼多，才知道您實在是不容易啊！」

用這些話來對N先生前面所提及的內容作出回應。這些話句句說進了N先生心坎裡。

「是啊！就是這麼一回事啊！大家都誤解我了。然後啊……」

就這樣，N先生開始說起自己脆弱的部分。

「變得想一吐為快」的N先生整個人出現了變化。

讚美隨聲附和的方式如果能和類型別相吻合時，交談就會順利展開。如果萬能的「讚許」宣告失敗而導致對話終結，下一個執行的重點就是要利用「慰勞」來進行再挑戰。

關於讚美這件事，儘管分辨讚美對象類型失敗了，但因為說話的本意是在稱讚對方，所以儘管搞錯了稱讚的方式，也不會令對方感到不愉快。所以不要害怕失敗，只要態度磊落地正面迎戰，就一定會發生好事。

如果出現有下面兩種徵兆，只要改變讚美的方式就可以了。

①帶有NO的訊息

②難以展開會話

請對「溫柔慈祥的母親」，報以「慰勞讚美」吧。

讚美隨聲附和的類型3「自由人類型」

第三種類型是「自由人」。

這類型人的特徵是，「任性耍賴的調皮鬼」。

自由人會話的特徵，與其說是表現在用詞上，倒不如說是表現在高昂的情緒上。任性、喜歡耍賴、天真無邪，儘管毫不遮掩情感，表現方式直來直往，卻還是能得到大家的原諒。這類型的人，真的是相當天真浪漫，因為富有直覺力或創造力，所以能感受到他們渾身散發著藝術家的氣息。

這一類型的人很珍惜想法・言行上的自由，所以針對他們在想法及言行上的「自由度」來加以褒揚，就會收到好效果。

不過，只強調自由，這樣未免太過籠統含糊不清。

直率地表現感情或自己的慾望，就是自由人表現自由的方式。讚美的時候，只要鎖定感情面或慾望面的重點加以讚美就可以了。在聽了自由人的說話內容後，我們可以發現他們的感情表現相當豐富，這一點很容易就能夠察覺到。

自由人因為太熱愛自由了，所以讚美他們的時候，並不一定要有根據。讚美時，只要多使用「好厲害」、「哇！好美啊」、「太帥啦」、「真不愧是～」、「真有趣」、「好開心」這一類的感嘆詞便可以了。

在說出感嘆詞時，如果能再搭配在第一章中所提到的「聲音配合」訣竅，讓聲音中充滿情感，就更能收到事半功倍的好效果。

例如，客人I先生。他旗下有十家公司，長袖善舞，是個相當精明能幹的社長。在I社長的談話內容中，幾乎都是「我完成了這樣的大交易」、「我認識這種屈指可數的大人物喔！」之類的話題。

如果一般人像I社長這樣淨聊自己有多了不起的偉大事蹟時，我們大概會覺得對方是在臭屁而對他敬而遠之吧！可是，為什麼I社長卻能受到大家的歡迎與喜愛呢？在I社長的說話方式中，其實隱藏了不為人知的大秘密唷！

「（……自誇性的內容……）說起來我還真的是很厲害對不對？（笑）」

這是I社長在聊天時一定會採取的模式。小朋友自覺做了了不起的事情時，「媽咪，我可以一個人刷完牙囉！厲不厲害？厲不厲害？」一定會像這樣纏著媽媽要求讚美，直到媽媽回以：「好厲害呢！你真的很了不起唷！」這樣的讚美才肯罷休。I社長的情況就像這樣。

一開始的時候，因為不了解情況而沒有察覺到這一點，以致於每次只要我一出言讚美I社長，彼此間的對話就會無疾而終。因此，我便使用「好厲害！好厲害！（笑）」這種單純的方式來「讚美」I社長，試圖改變彼此的對話情況。

沒想到這麼一試，竟讓I社長龍心大悅，而在自誇性的話題上開出了美麗的對話花朵。

自由人類型並不會拘泥在小細節上，讚美他們時，只要單純地跟著他們的情緒走，然後再搭配以「嗚哇！真厲害！」這一類的用詞，就可以收到預期以外的效果。

自由人類型，除了情感面外，在慾望面也是開放的。讚美的對象如果是男性，就要讚美對方的男子氣概、相貌；讚美的對象如果是女性，就要讚美對方的女人味、姿色。如此一來，便能將讚美的效果發揮得淋漓盡致。

自由人類型的讚美重點與其他類型人的讚美重點雖然大相逕庭，但只要直率誠懇地讚美他們，就能讓自由人類型的人感到開心。

就像客人F先生。雖然年紀已到了從心所欲的七十歲，但今天打高爾夫球，明天跑銀座或六本木俱樂部的，每天、每天都有滿滿的節目，整個人忙得不可開交。

「我啊！已經高齡七十三了，儘管每天這麼喝也絕對不會宿醉喔！秘訣在哪裡，妳們知道嗎？那就是啊，為了忘記第二天宿醉的痛苦，所以我就卯足了勁，每天拚命地喝呢！哈哈哈哈哈～」

如此天真浪漫的發言，讓F先生成了俱樂部裡頭的人氣王。

F先生還有一個優點，那就是一定會讚美出現在自己這一桌的女公關。這就足以證明F先生極為重視自己身為一個紳士該有的禮貌。當然，不只有F先生，只要是屬於天真浪漫的自由人類型的人，都會直接讚美女性「今天這套洋裝很適合妳唷！美極了！」他們就像拉丁系的男性一樣，直接而熱情。

對如此天真浪漫的F先生，只要說幾句：「F先生，雖然您老說自己已經七十三歲了，但比起時下二十幾歲的年輕男性來，F先生給人的感覺反而更具男性魅力呢！」要像這樣力讚他毫不矯揉做作的紳士風度。

「對吧？對吧？我維持年輕的秘訣呢，就是……」像這樣豪爽的快人快語便能夠持續下去。

像F先生的情況，因為已經是高齡七十三歲了，所以在稱讚他的時候要客氣而有禮貌。通常，只要使用「好帥氣喔」、「真是靠得住」、「其實你很受歡迎吧」這一類簡單的讚美語就ＯＫ了。讚美時，如果可以再稍微加上一點肢體接觸，效果會更好。

自由人類型的特徵，一言以蔽之就是自由。在稱讚時，請不要忘了要一邊帶著愉悅的心情，一邊稱讚他們喔！

讚美隨聲附和的類型4「母愛類型」

第四個類型是「母愛類型」。母愛類型人的特徵是膽小鬼。

下面是具母愛類型人特徵的會話實例。

「我老是給員工（部長）添麻煩呢！」
「嗯~我不是很清楚呢！」
「對不起！」
「怎麼都不試著瞭解我一下？」
「總覺得很悲傷（好寂寞、好不甘心）。」
「我已經受不了了！」

這一類型的人和自由人類型，剛好是完全相反的典型，他們有習慣壓抑自己情感的傾向，不會直接說出自己的要求，屬於對討厭的東西沒辦法明說討厭的類型。通常，這一類型的人大多給人拐彎抹角、不乾不脆的印象。

與慰勞類型人之間的差異在於，母愛類型人因為「不想被討厭」而處處顧慮，顯得綁手綁腳的。相反地，如果我們對之過於費心，就會演變成讓對方感到負擔的結果。此外，因為平時總是壓抑著自己，所以說出口的話大部分都會讓人感到不滿。

因此，如果能夠施以有如不求回報的母愛般的讚美，就能收到絕佳的效果。母愛類型可以說是慰勞型的變形版。進行時，只要在心裡想像著一邊摸著小朋友的頭，嘴裡不斷地說著「乖！乖！乖！」像這樣隨聲附和的讚美就行了。

「雖然既沒有自信，又常愁眉不展，可是這樣的你其實已經很好了」用像這樣的讚美給予不求回報的愛。

實戰的時候要像這樣子使用：

「喔——是這樣啊……（沒有勉強自己吧）」

「原來是這樣啊……（真的是很辛苦呢）」

在「……」的部分，包括了「沒有勉強自己吧」、「真是很辛苦呢」等意味的語言在內，只是沒有說出口而已。與讚許類型、慰勞類型、自由類型等人相較，對這類人不能積極使用「讚美」的言詞。因此要記得，如果勉為其難地持續讚賞或安慰這一類型的人，將會惹惱對方而導致失敗。

事實上，在所有的客人當中，遇到這類型的客人最讓人感到棘手頭疼。因為彼此都顧慮太多，常常搞得人仰馬翻，且吃力不討好。

母愛類型與慰勞類型不同，母愛類型的人因為不會藉由積極的言詞或行動來關懷對方，所以很難在相遇後十五分鐘內判斷出來。

在這十五分鐘的確認時間內，如果感覺有受到對方的照顧，或是對方太客套時，請不要使出太過積極的讚美隨聲附和方式來稱讚對方。取而代之，請使用「嗯、嗯」這種最普通的隨聲附和方式，來促使對方繼續往下聊。

一開始沒辦法做到這個地步也沒關係。至於我都是像這樣實踐讚美隨聲附和的。

I社長幾乎可以說是名實相符、白玉無暇般的成功人物。說話的口吻，乍聽之下，十分具權威性，是屬於批判或偏見較強的讚許類型。也因為排他性強，所以能夠坐在I社長那一桌的都是固定成員。

有一天，因為其中一個固定成員休息，所以我臨時被塞進了I社長那一桌。我當下打定主意先觀察情況看看，並且決心那天一整天都儘量不要說錯話。到了I社長那桌後，我靜靜地聽著I社長的發言。

結果，我發現I社長每次一說完話，最後都會加上這麼一句：

「結果，還是沒有人能夠瞭解我啊！」

就是I社長這句話，讓膽小鬼現了形。因為光是枯坐在那裡一個勁的點著頭也很無趣，於是，我抱著破釜沈舟的決心試著這樣回應：

「是這樣的嗎？……（那真的是很痛苦呢）」

結果，I社長則像是遇到知己般聊了三十分鐘。如果是一般新人在碰到I社長這種不留情面的批判言談時絕對會逃之夭夭的。

「這種談話內容還真虧妳聽得下去呢！連那種一聽到就會面露不耐之色的地方，妳也聽得這麼認真。從下次開始，妳也成為這兒的固定成員吧！反正位子還多的很！」

就像作夢般，情況有了大逆轉。

一開始無法應對母愛類型的人是很正常的。在第五章中我們將會介紹有效對付母愛類型人的訣竅，請各位不用擔心。

只要對方一讓妳有「啊！膽小鬼」這樣的感覺時，請馬上想起不要勉強「讚美」對方的這個鐵則吧！

第四章

過了十五分鐘後，
就是差不多該炒熱話題的時候了

妳是不是變成NG三天后中的一員了呢？

在相遇十五分鐘後，我們到底做了什麼？又完成了哪些事情呢？

觀察對方，瞭解對方，緊接著，就是持續不斷地將「我很瞭解你」、「我對你很感興趣」這樣的訊息傳達給對方。這麼一來，便可以建構起妳與對方之間的信賴關係。

這種信賴關係，因為是在下意識中建構起來的，所以無形中會強烈左右對方的言行舉止，而讓彼此的關係奠下穩固的基磐。等到彼此間信賴的基磐建構起來後，接下來，就要試著利用談話內容來加深彼此的羈絆。

酒店服務業是販賣「善體人意」的行業。在言語上，透過對話讓客人感到開心；在言語之外，則是透過行為上的細心體貼來讓客人感到滿足。

在接下來的這一個小節裡，我們要先歸納出冷板凳天后有哪些共通點，接著，再根據這些共通點來整理出我們容易犯下的錯誤有哪些。

滿嘴光顧著聊自己的事情

果不其然！成為冷板凳天后的第一個要件就是，「滿嘴光顧著聊自己的事情」。過去，在我的工作場合中，有一位叫做麻里美眉的女孩，她正是這一類冷板凳天后的經典代表。每當麻里美眉出巡，所到之處便一片鴉雀無聲。情況正如同前面我們所提到的一樣，麻里美眉就是因為不懂得「察言觀色」，而常常讓她與客人之間的對話軋然而止。

「我跟你說哦~麻里啊，在最近啊~」無論遇到哪個客人，麻里美眉總是喜歡用這種流水帳的方式，逢人就將自己的近況稟報一番。只要有客人想將話題轉向高爾夫球，麻里美眉便不經思考地說出：「麻里我啊！也有在打高爾夫球哦~」，自顧自地把談話的主角再度硬拗成自己。

於是，只要麻里美眉一離開席座，那一桌的客人就會立刻出現：「剛剛那個到底是怎麼一回事？請她不用再來我們這一桌服務了。」這樣的抱怨。相信在妳的生活周遭，至少也有一位像麻里美眉這樣的人對吧！一個完全無視他人，聊天都只顧著聊自己事情的人。

■滿腦子都想著要獲得別人的讚美

成為冷板凳天后的第二個要件就是，「滿腦子都想著要獲得別人的讚美」。這一類型的女孩，依表現方式的不同，又可分成言語及態度兩種。

直接表現在言語上的女孩，通常跟客人之間會有這樣子的對話：

「我最近剛搬了家，這次的房子有二十四坪大哦」、「人家我可沒有坐過電車呢」、「因為我的父親任職於○×銀行」等等。開口閉口的談話內容，無非都是想得到對方回以「妳真的很厲害」這樣的讚美。

表現在態度上的女孩，則總是習慣低著頭用視線往上的角度凝視著你，不斷地以阿娜多姿的姿態變換姿勢，所有的行為舉止都只是為了展現並強調自己「女人味」的一面。客人在種種類似強迫推銷式的行為表現後，也只能就外表脫口說出：「妳真是漂亮呢！」「妳很可愛啊！」這種程度的讚美。

和麻里美眉離席之後的情況如出一轍。這一類型的女孩只要一離開客人的座位，幾乎所有的客人都會鬆一口氣，接著便會議論紛紛地發表：「伺候這種要人奉承戴高帽的女孩，真是累死我了！」這樣的意見。

「滿嘴光顧著聊自己的事情」或「滿腦子都想著要獲得別人的讚美」都只會惹人

厭，這個道理很淺顯易懂吧！這個冷板凳世界，和我們在十五分鐘內想要努力建構的和樂世界，可以說是完全相反的。為了自我展現而一味地強迫推銷，這一類型女孩給人的感覺，簡直就跟龍捲風沒什麼兩樣。

我們目標中的理想女性，是要能迅速將對方吸引過來，並且能讓對方感到心情愉快，如同「和煦的春天」一般溫婉而善體人意的女性。

所謂的自我展現，要抓準時機才會出現好效果，不得要領反而會適得其反。請各位不要焦急，慢慢來！首先，要以成為如同「和煦的春天」一般的女性為首要目標。

■反應不機靈

接著我們還要繼續聊冷板凳天后這個話題。所謂冷板凳天后的同義字，應該就是「反應不機靈」了。

例如，客人明明額頭冒汗卻沒有發覺；或者是客人來到店裡時，已經喝得酩酊大醉了，卻沒有調整摻水威士忌的濃度；又或者是當客人想抽煙時，卻遞來零食讓客人吃。

在過去的十五分鐘，我們已經學會了察言觀色的技巧。只要仔細觀察客人的神色，應該就可以捕捉到所有蛛絲馬跡。只要一看到客人額頭冒汗，就應該要婉請客人脫下外套，或是遞上冰的濕紙巾，又或是馬上調低室內的冷氣溫度，此時妳可以適時展現體貼的應對之道至少有三個。

關懷體貼別人的舉動，很容易被誤解成要感覺敏銳的人才做得出來，但我敢百分百斷言，關懷體貼別人跟感覺敏不敏銳完全扯不上關係。我之所以敢這麼說當然是有原因的。因為現在以關心體貼留住客人心為最大賣點的我，過去不得要領、不懂客氣的白目程度，可以說是所有人的好幾倍。在前面，我曾經提到過因為自己神經大條，對客人不聞不問而遭到媽媽桑煙灰缸伺候的往事，即使是現在身為紅牌的我，過往也曾經有過這樣的經驗呢！

我所謂的關懷體貼，其實是相當簡單的。只要觀察對方的狀況，然後就所聞所見，提供適當的服務就可以了。一旦察覺，便要立即採取行動，並不斷來回重複察覺、行動這兩個動作。

無論哪一種關懷行動，都可以透過事先預測來做出反應。依照情況，這有一定的基本公式可循。關於這部分的詳細內容，我們留待第五章的時候再來做進一步的討論。

對於基本的關懷行動不要只是想想，而是要實地來進行，這麼一來，便可以有效提升對關懷的體認。只要能做到基本部分，自然而然就能靈巧回應客人的各式反應。

就會話面來說，關懷也是相當重要的。

在酒店服務業的世界裡，因為是夜晚，再加上有酒助興，因此，對話中會出現黃色笑話的機率也特別頻繁。

女公關如果對客人提到的黃色笑話面露忌諱，客人就會因此大感有趣，談話內容也就愈容易在黃色笑話上打轉。這個時候，如果反過來由妳（由女性來主導）用露骨卻不會讓人感到下流的發言來取回發言權，主動對客人挑起黃色笑話的話端，通常大部分的男性就會失去作弄妳的興致，而停止調侃。

與其一味閃躲話題，倒不如正面冷靜應對，對轉變話題而言，這才是高明的手法。

可是，在眾多女公關中，也有一遇到黃色笑話便直截了當在對話途中以悶不吭聲來明白宣示「我對黃色笑話避之唯恐不及」的女孩。

其他還有只要客人一觸及與黃色笑話相關的話題，便隨即採取強烈拒絕態度的女孩，其反彈之大，簡直可以讓人聽見她重重甩上拒絕之門的聲音；又或者是一受到客人黃色笑話的騷擾，便胡言亂語，手足無措的女孩。

當然，超越尺度的限制級對話或是口頭上的騷擾、嘲弄，都是有必要出言拒絕的。

可是，我希望各位可以在這裡先停下來好好思考一下。想想為什麼明明這麼惹人厭的舉動，對方卻還是會這麼做呢？

例如，說黃色笑話這件事。說黃色笑話並不會傷害到誰，相反地，還能夠適度地緩和現場氣氛，因此黃色笑話很容易被拿來當作話題。

所以，當客人為了適度地緩和現場氣氛而特意說出黃色笑話時，身為女公關的我們當然也得展現體貼，義務性地配合一下，對吧？

況且最近，很多人對異性改用揶揄的方式來取代問候寒暄。如果在他人開口說「妳好！」而向妳問候致意時，妳卻不言不語，毫無反應，這樣反而會顯得很沒禮貌。

但若是在被揶揄後，再正式拒絕，這樣反而無傷大雅。

此時，為了緩和現場尷尬的氣氛，這時還要不忘顧慮到對方的情緒反應，如果可以輕輕補上一句「謝謝你」，對方就會立刻鳴金收兵，不再試圖用黃色笑話來炒熱氣氛。

我之所以在即將步入如何掌握會話技巧的課題前的這個節骨眼上，特意舉出三個NG對話的實例，其實是別有用意的。

企圖炒熱話題的意識只要一開始出現，通常大家都會把觀察對方一舉一動的這個重要任務忘得一乾二淨。於是，便會因一時不察而瞬間變身成為NG三天后中的一員。

在與對方第一次見面時，即使不談及自己的事情也無妨。對於一個自己已經瞭若指掌的女性，各位認為男性還會想再多見她一面嗎？

最重要的，莫過於善用從對方身上所獲得的情報，並將這些情報靈活運用在彼此的對話中。

對話就是不斷重複「拓廣」與「深掘」

從這裡開始我們要學習的是，如何借助「問題的力量」，以循序漸進來炒熱對話氣氛的技巧。要想做到炒熱對話的氣氛，只要注意掌握以下兩個方向，就能收到立竿見影的好效果。

1 拓廣

2 深掘

截至目前為止，我們都沒有使用到發問這一招來展開彼此的對話，而是藉由傳達「我對你很感興趣」、「我瞭解你所說的話」這樣的訊息來讓對方感到安心，並藉以建立彼此間穩固的信賴關係。一旦感到安心，對方心裡的忐忑不安就會跟著緩和下來，在這個時候，想要更進一步發展對話的種子也會在對方心中開始萌芽。想更進一步發展對話的種子一經萌芽，我們就要開始借助問題的力量了。

之所以要借助問題的力量，是為了要將隱藏在句中的五種弦外之音傳達給對方。

1 情報蒐集
2 滿足個人感興趣的部分（興趣本位）
3 責備、攻擊、漠不關心、盤問
4 催促對方發現
5 純粹關心

在第二章中我們曾經提到過，在銀座，如果一見到客人就問「您的出生地是？」「您的職業是？」這種問題，那無異是告訴對方自己並不是個一流的女公關。

像這類問題，只是單純地為收集情報而發問，只是為了滿足發問者的好奇心而發問。由於面臨的情況不同，隱藏在這類問題內的弦外之音，很容易會讓對方誤解為妳是在做身家調查而造成不必要的反感。

因為隱藏在問題裡的弦外之音會傳達給對方，所以也很難用鸚鵡學舌的方式來搞定場面。

像「因為招待客戶而累壞了」這一類的話題，如果只用「那還真的是很累呢！」這樣一句話來回應對方，聽在對方耳裡，妳所傳達出的訊息只有兩個：一是「這樣就喊累壞了，你會不會太沒用了點？」另一個則是：「累壞的人是你吧！跟我可沒什麼關係呢！」

聽我這麼一說，或許各位會有怎麼會這麼難的感覺。可是，沒有關係！只要能靈活運用第四的「催促對方發現」，及第五的「純粹關心」的問題來發問，就可以輕鬆解決妳所遭遇的難題。

在過去的十五分鐘之內，我們不斷地持續向對方傳遞信賴的訊息，以構築彼此信賴關係的基磐。

而現在，在這個信賴的基磐上，是要使用擴展話題廣度的方式來炒熱對話氣氛呢？還是要用深掘話題深度的方式來炒熱對話氣氛呢？我們可以利用下面的問題來探索，並找出正確的方向。

■「然後呢？接下來，怎麼樣了呢？」

當對方正聊到自己曾經有過什麼樣的經驗、曾經採取過什麼樣的行動時，我們要用「然後呢？」來催促對方聊接下來的發展，以擴展話題的廣度。如果沒有要展開話題，那就只需要利用隨聲附和來應對就可以了。

例如，在面對喜歡流行時尚且敏銳度高的客人，開始興致勃勃地聊起了以下的話題：

「今天在逛街的時候，我發現了一套很棒的陳列服飾，在取得店家的同意之後，我就把它拍下來了！」

「咦？您拍下來啦？那照片呢？」

當妳這麼開口一問，就能夠將自己對接下來的行動非常感興趣的訊息傳達給對方。

「我將它傳給適合那套衣服的人囉！」

「咦？把照片傳出去啦？（然後呢？然後呢？）」

「嗯！我把它傳給女友／女朋友們了。我希望她們能藉此察覺到自己的魅力！」

「（然後呢？）那她們的反應如何？」

像這樣，從對方拍下照片後的一連串行動，以像觀賞DVD般順著對話劇情一一往下展開。

在話題展開並且拓展的期間，如果察覺到對話內容中出現了對方認為是重要的人物或事件，我們就可以順著對方的話往下深掘，以加深對話的深度。若沒有出現重要的人物或事件，我們則可以根據下面的方法來轉換問題，重新拓展話題的廣度。

■「對了！」

在沒有出現重要的人物或事件時，我們要使用「對了！」這句話，來重新拓展話題的廣度。

例如：

「咦？您拍下來啦？那照片呢？」

「只有拍照而已嗎？」

在演變成這種情況時，

「（對了！）這麼說起來，您喜歡攝影嗎？」

「真不虧是時尚大師！這可是只有真心喜歡並熱衷時尚的人才會做的事呢！對了！平常購物時，您都會到哪些地方購買呢？」

「（對了！）要用什麼方法才能增加時尚品味呢？」

利用「對了！」這兩個字來串連可以進行發問的問題，試圖以與時尚相關的線索來拓展話題廣度，並探尋加深話題深度的重點。

用來拓展話題廣度的問題，因為可以向對方傳遞「接下來怎麼樣了？我想要知道後續發展」這一類展現純粹關心的訊息，所以在使用時，請不要忘了加上期待的心情盡量發問哦！

一旦找到加深話題深度的重點後，從進入這個階段開始就要稍微注意了。加深話題深度的發問，很容易會讓對方有像是在挖人隱私、收集情報，或是責備、質疑對方的感覺。與加深話題深度有關的內容，在下一個部分我們將有更詳細的說明。

所謂的炒熱對話氣氛，指的就是要拓展話題廣度並加深話題深度。一旦感到加深話題深度受到阻礙時，就要轉以拓展話題廣度。接著，再試圖加深話題深度。只要不斷重覆這兩個行動，妳也可以享受到炒熱話題氣氛的樂趣哦！

在「深掘」話題時，請一併使用以下方式！

在拓展話題的廣度時，請試著在對話中歸納出對方認為是重要的人物或事件，並從中找出加深話題深度的重點。

接下來，就來看看下面兩個會話實例。

會話實例①

「上個月，我獲邀參加○×報社所舉辦的高爾夫球賽喔！妳知道以前待過阪神老虎隊的新任總教練真弓*嗎？我剛好跟他同組競賽呢！他的球技啊，在業餘選手中，可以算得上是箇中翹楚喔！」

「然後呢？然後呢？」

「其他還有許多大牌藝人及棒球選手也都參加了這次的比賽呢！」

「嗚哇～！光是看參賽選手名單，就是一場精彩賽事呢！」

「沒錯！沒錯！妳聽過○×高爾夫球鄉村俱樂部嗎？那可是貴族名門出入的頂級

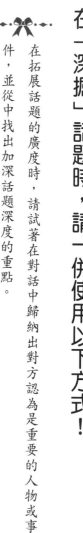

高爾夫球俱樂部呢！」

會話實例②

「上個月，我獲邀參加○×報社所舉辦的高爾夫球賽喔！妳知道以前待過阪神老虎隊的新任總教練真弓嗎？我剛好跟他同組競賽呢！他的球技啊，在業餘選手中，可以算得上是箇中翹楚喔！」

「然後呢？然後呢？」

「其他還有啊！這場球賽可以說是各路單差點好手龍爭虎鬥的盛會哦！」

「嗚哇～！那豈不是各路好手一較高下的盛會嘛！」

「除此之外，我還在那場賽事中獲得了季軍哦！真是叫人開心！搞不好還可以免費加贈晉升單差點球手的大禮呢！」

＊註：真弓明信，出生於日本福岡縣大牟田市。卸任職棒選手（內野手、外野手），有日本史上最強打者之稱。引退後曾經擔任過棒球解說員、教練等。從2009年開始擔任日本職棒阪神老虎隊總教練一職。

以上兩個會話實例中的內容，談的都是跟高爾夫球有關的話題。在會話實例①裡，對客人來說，對話當中的重點是「參賽者都是名流要人」這件事。因此，我們在歸納出這個重點後，就要進一步利用這個重點來催促對方延展話題。

至於在會話實例②裡的「單差點好手」及「精湛的高爾夫球技」，才是對話的重點。像這個時候，我們就要利用「精湛的球技」來破題，並言簡意賅的催促對方往下延展話題。

到目前為止，我們都將注意力集中在拓展話題廣度這件事上。這是因為藉由拓展話題，或許可以從中找出加深話題深度的重點，所以還請各位膽大心細地多方嘗試哦！

為了深掘話題好進一步加深話題的深度，我們要針對對方談話內容中的重點，配合「思維的層級」來決定使用深掘話題方向的技巧。

所謂思維的層級一共分為六個階層，各位可以參閱第一三二頁的圖，相信應該很容易理解。如果要使用會話內容來做說明，其表現方式如下：

①環境（針對場所、時間、人等因素的思考）

「我在S俱樂部工作。」

②行動（我們所做的事情、思考的事情）

「我本來只是打算看有沒有辦法讓這個月的月績比上個月的月績再多增加個10%的，但沒想到我的努力竟也同時增加了老客戶對我的滿意度。」

③能力（所擁有的技巧、資質、資格）

「我同時具有不畏懼失敗的能力與高超的溝通技巧。」

④信念、價值觀（行動的根本原因。為什麼會做出該行動。所重視的事情）

「我非常重視客戶的感受。我最喜歡見到客戶綻放笑臉的樣子。」

⑤認同（用來定義自己存在的使命的部分）

「我是No.1紅牌女公關，也是當家花旦。」

⑥超越個人的部分（家庭、公司、社會團體、國家、地球、宇宙等各領域）

「我認為應該將銀座的文化傳承給下一個世代，我想將銀座的文化留存下來。」

讓我們對照下頁的圖表，就可以發覺對方談話的內容是落在哪個思維層級內。因

探索對方思維的層級，並配合對方的層級
來加深彼此話題的深度

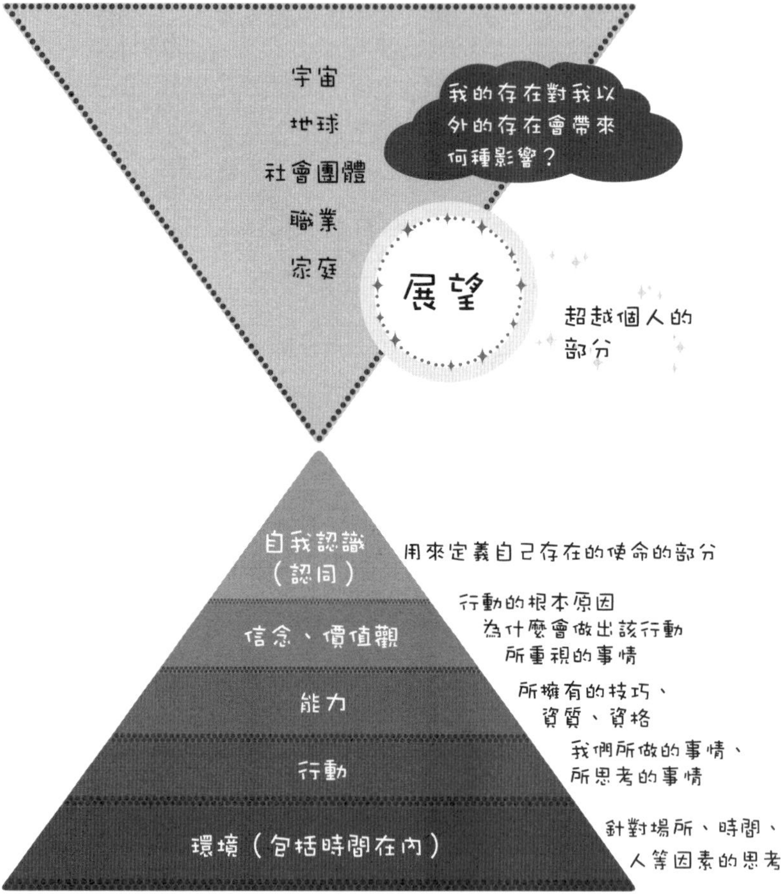

（整理自羅伯特・狄爾斯博士*）

為是配合對方的思維來進行對話，所以不僅能夠很自然地讓對方感受到我們很瞭解他的一切，也能讓對方認為我們彼此的思考模式很相像。

現在，讓我們回到會話實例上面。

我們來談談會話實例①中，有關於「環境」的部分。我們可以將焦點集中在談論參加過回合賽的選手、參賽者的屬性、比賽會場、比賽主辦單位等話題上。如果想加深會話實例①的話題深度，我們就可以鎖定「與環境有關」的話題來發問，如此一來，就可以輕鬆地利用「對方想聊的話題」來炒熱對話氣氛。

在會話實例②中，則是聊到了有關「能力」的部分。話題中心都圍繞在「單差點好手」、「跟球技精湛的人交手」、「贏得了季軍」上。如果要想加深會話實例②的話題深度，我們可以鎖定「與能力有關」的話題來發問，如此一來，就可以輕鬆利用「對方想聊的話題」來炒熱對話氣氛。

在與對方相關的眾多情報中，只要配合對方的思維層級來進行對話，就可以建構

---

*註：羅伯特‧狄爾斯（Robert Dilts）博士為國際頂級NLP大師。

彼此間深而有力的信賴關係，也能讓彼此間的對話氣氛增溫。

等到習慣了配合思維層級來進行對話後，我們就要將焦點鎖定在思維層級中金字塔頂端的部分，並利用這個部分來展開對話，也就是藉由信念、價值觀或超越個人等部分，來加深對話深度，一口氣拉近彼此間的好感及親密度。

在過去，日本曾經發生過有某個宗教團體舉辦了大型合同結婚的大新聞。所謂的合同結婚（集團結婚），是指新人雙方在婚前並不認識彼此，就連人種、國籍都不知道，只有在婚禮當天才能第一次見到自己未來的另一半。這種作法真是超乎常理，對吧！

可是，如果就思維的層級來進行思考，這麼做才是合乎情理的。信奉同一個宗教這件事，所代表的不就是位在思維層級的金字塔上部，亦即在關於信念、價值觀及超越個人的部分是一致的。如果是擁有相同信念的伙伴，要想共同採取行動或建構環境當然是件很簡單的事，這是因為彼此的基本思考模式及喜好都相同的緣故。

在習慣透過環境、行動、能力等一類的會話，來向對方傳達較為表面形式的「我很瞭解你」的訊息後，接下來，我們要使用拓展話題廣度的問題或重點，將話題轉往較高的層級。

G先生經營了一家高爾夫球場。

「最近，不懂高爾夫球規則或禮儀的人，實在多不勝數。球場上到處都是贏球心切的傢伙。為了能夠貫徹高爾夫球的規則及禮儀，我看不把球場轉型成頂級高爾夫球場是不行了。世風日下，現在的年輕人啊……」

G先生一開口就沒完沒了地批評個不停。

可是，在仔細聆聽G先生的談話內容後，

「我啊！真的是很愛高爾夫球運動。所以，只要球場的草皮一有雜草入侵，我就會動手清除乾淨，哪怕是才剛打完球，只要能維持球場草皮的平整漂亮，要我花再多的時間都行。」

G先生在中途突然轉變了話題方向，將之轉移到自己對高爾夫球的熱愛上。

G先生的話鋒一轉，給了我們利用信念層級來深掘彼此話題深度，並獲得G先生信賴的絕佳機會。

「G先生真的是非常熱愛高爾夫球呢！聽起來似乎是從對高爾夫球的熱愛上來思考經營方向的呢！」

我們可以像這樣歸納之後進行發問。

這麼一來，

「沒錯！我並不是只希望自己的球場賺錢就好，而是從更大的格局上來思考經營球場這件事。這些都是源自於我對高爾夫球的熱愛唷！妳啊！看起來年紀輕輕的，沒想到卻聽得懂我真正想說什麼！銀座果然就是不一樣！氣氛真棒！我啊！從以前就什麼都愛……」

接著G先生便熱切地開始闡述自己的信念。

想當然爾，從那一天開始，只要G先生到店裡頭消費，就一定會點水希坐檯！

拓展話題的廣度，試圖在對話中找出對方認為是重要的人物或事件，並從中找出深掘話題深度的重點；在洞悉了對方的思維層級之後，就請努力深掘話題的深度吧！

炒熱話題的發問技巧1被省略掉的東西是什麼？

深掘話題的深度，說起來很簡單，但實際上，究竟該怎麼做才能拓展話題的廣度？讓話題更深入呢？相信一定有很多人會產生這樣的疑問吧！

「水希小姐明明幾乎沒有說話，但客人還是一副樂在其中的樣子。這是為什麼呢？」

店裡頭的後進曾經找我商量過這方面的問題。因為從以前就很不擅長和陌生人攀談的緣故，所以我絕對不會勉強自己開口說話。也因為我不擅長利用對話來炒熱現場氣氛，因此，為了克服這個缺點而曾經走過很多冤枉路。

但事實上，我們不需要自己開口，只要求助於「發問的技巧」來讓對方說話就可以了。

這一招，是我擔任心理治療師時常用的技巧。這個技巧，就利用了我們說話時的習慣，並將焦點鎖定在問題重點上。換句話說，如果活用這些問題重點來進行發問，就一定可以拓展對話的廣度，或是加深對話的深度。

接下來，在這一個小節裡我所要介紹的技巧，僅限於在雙方還沒有適應彼此，不管利用歸納術或隨聲附和的方式都無法拓展對話廣度，也無法加深對話深度的情況下來使用。為什麼會出現這個附帶條件呢？因為接下來的技巧很容易流於審問或責難的口氣，以致讓對方產生不愉快的感覺，所以是屬於打破砂鍋問到底類型的發問技巧。

可是，對話就是這樣。如果不打破砂鍋問到底，便無法炒熱對話的氣氛。要想炒熱對話氣氛，就得具體地將話老實說出口。

為了具體地將話說出口，所以我們要利用發問的技巧。首先，利用發問來決定對話的方向。接著，將火力集中在該問的重點問題上來發問，這麼一來，對話就會朝著某個特定的方向一路展開。

在使用打破砂鍋問到底的發問技巧時，要特別注意自己的聲調及態度。請使用輕鬆愉快的態度或輕柔的語氣，來進行發問。各位可能會覺得有點困難，也或許會懷疑自己究竟能不能做到？但真的很簡單，別擔心！一定不會有問題的！

在對話上要特別注意的是，千萬不要進行機械式的發問，而是要帶著敦促對方開口、拓展話題廣度及更瞭解對方的心情來進行發問。

那麼，方才我們曾經提到過人在說話時都會有特定的習慣。為了要讓這個習慣能夠在對話中發揮立竿見影的好效果，發問時我們可以使用的問題重點有以下三個。

1 被省略掉的東西是什麼？
2 被一般化的東西是什麼？
3 受到指摘的東西是什麼？

接下來，我們要按部就班地一一熟練這三個深具實踐性的發問技巧。

首先，我們要談論的是「被省略掉的東西是什麼？」

「討厭！我認輸了啦！這未免也太困難了！那麼難的問題，誰都不懂吧！接下來，非要好好的解釋一下不可！」

實際上，很多人都會說出這種話。但是在這段會話中，被省略掉了很多的訊息情報，對吧？只要稍微推測一下，就可以得到以下這三個推論：

1 發生了什麼令人感到困惑的事情。
2 與其說發生了某件令人感到困惑的事情，倒不如說好像是沒人可以瞭解某個問題。

③好像是某個人非得對另一個人說明解釋不可。

就如同前面的會話一樣，當我們在聊及與自己有關的經驗時，若是交代太過清楚，情報訊息就會爆量，而資訊一旦爆量，就難免會讓人有流水帳的感覺，於是就會出現這種不全部傳達、省略掉某些部分的說話習慣。

在這裡，我們只要將焦點鎖定在對話中到底省略了哪些訊息情報上，就可以利用剛才的對話內容來進行具體的發問。

■「Who? What? When? Where?」

在會話當中被省略掉的第一個問題就是，「Who? What? When? Where?」利用前面的例子來進行說明的話，就是：

「真是辛苦呢！那麼，究竟是發生什麼事情了呢？」

「真是辛苦呢！那麼，究竟是誰不瞭解（問題）呢？」

「真是辛苦呢！那麼，究竟是非要誰說明解釋清楚不可呢？」
「真是辛苦呢！那麼，究竟是非要向誰說明解釋清楚不可呢？」
「真是辛苦呢！為什麼有必要說明解釋清楚呢？」

我們可以針對這五個問題來進行思考。

要炒熱對話氣氛，就一定要是具體化的事情。於是，發問所必須擔負起的任務就是，要一邊注意對話進行的方向，還要一邊像是進行指揮交通似的理出清楚的頭緒。

在這裡，我們只要先讓對方說出到底發生了什麼事，就可以清楚掌握到對方的情況。接著，再讓對方說明到底是非要向誰解釋清楚不可，就可以看清楚整件事情的來龍去脈。只要讓曖昧不明的會話變得更具體，就可以炒熱對話的氣氛。

■「和什麼比較？」

在會話當中被省略掉的第二個部分是，對比較對象的疑問。

「如果那樣的話，還有更棒的店喔！」

如果對方這麼說，妳該怎麼往下接話呢？

「請告訴我那家店！」

如果像這樣子接話，那麼接下來的對話進展就會差強人意。

只要一聽到有「更～」、「好的」、「壞的」這一類和什麼東西做比較的字眼，這就是問題的重點所在了。

「是基於什麼樣的考量（和什麼比較），才覺得那家店是『更好的店』呢？請您務必介紹一下這家店。」

透過這樣的發問，不僅是那家店的店名或所在地等基本資料，就連那一家店的絕佳之處也都可以一併問出。直覺靈敏的人一定發現了吧！在問出那家店「為什麼好」的同時，也同時引出了對方的價值觀。

■「由誰決定的？用什麼做基準？根據是什麼？是誰說的？」

在會話當中被省略掉的第三個部分就是與「判斷」有關的問題。

例① 「那傢伙做什麼都不行啦！」

例② 「即使貴為社長，說穿了，還不是領薪水的上班族！」

我們時常可以聽到像這一類的對話吧！我們最常遭遇到的情況是，必須在毫無明確的基準、根據之下做出判斷，或者是在即使有基準、根據也無從判別其真假的情況下，來和對方展開對話。

在前面的會話中，我們通常很容易會反射性地針對例①回以「不會連一個可取之處都沒有吧」；針對例②回以「沒那回事啦！」如此一來，對話就會流於以下這樣的形式：「不！不！不！他在〇〇方面及△△方面真的不行啦！」而搞得彼此愈談愈不投機。

在當事人無意識的情況下，就以某些基準或根據妄下的判斷，通常在使用這一類的安慰時很容易就會被對方給推翻掉。可是，如果針對連當事人都還沒有明確意識到的基準或根據來進行發問，也因此而得到了對方的回應，或許反而會為彼此的對話帶來嶄新的局面。

「不行？哪方面做不到？哪方面做得到呢？」

「〇〇方面做不到。△△△方面做得到……」

「只是個微不足道、沒有前途的上班族？是誰說的？」
「還有誰？當然是自己啊！」
「為什麼（是根據什麼）說微不足道、沒有前途，是自己決定的呢？」

注意到了嗎？對話已經開始囉！判斷的根據一旦明確後，就會開始談到對方的價值觀或信念。沒錯！就連能加深彼此對話深度的話題重點也跟著出現了吧？

■「具體的、對誰、究竟是發生了什麼事才演變成這樣的結果？」

在會話中被省略掉的第四個部分就是，賦予名詞動作。

例①　「壓力可真大呢！」
例②　「俱樂部的門檻還真高呢！」
例③　「你的話，不是還有可能嗎？」

儘管對話中出現了「壓力」、「門檻」或「可能性」這一類的字眼，但因為裡頭什麼具體的東西都看不見，所以相對地，接下來的對話也會跟著窒礙難行起來。如果在會話中出現有這一類被名詞化而少了動作的部分時，我們就要像接下來會話實例中所描述的一樣，在自己的腦海中自動將空白的地方填滿，以加強對話的劇情。

①一聽到對方提到壓力，當下就要設身處地的想像一下，如果承受莫大壓力的人是自己，那會有多難受？

②就算說了門檻很高，但乍聽之下還是讓人感到一頭霧水。究竟是拘謹古板？還是苦不堪言的事情呢？這樣也不是，那樣也不是，毫無頭緒的憑空想像，似乎也就慢慢地抓到了一個模糊的輪廓。

③擁有可能性？這麼說來，是要實現哪個夢想囉！放任自己的思緒，天馬行空地胡亂想像。

這三個會話實例都有一個共同點，那就是因為在對方的會話中省略了對某些過程或行為的具體意象描述，所以我們只能靠自己的想像來填補那片空白，因此，這個共同點就會左右對話的延續與否。

如果可以使用具體的意象來發問，追問出誰？對誰？做了什麼？這麼一來，便可以加深彼此之間的對話深度。

①「是在怎麼樣的情況下被加諸壓力的？」
「發生什麼樣的事情，會讓你感到有壓力呢？」

②「所謂的門檻很高，說得具體一點到底是什麼意思呢？」
「在什麼樣的情況下，才算得上是門檻很高呢？」

③「我的哪些地方，具有潛在的可能性呢？」

實例①的對話，在日常生活中可以說是司空見慣。前一陣子，我因為試圖想瞭解客人感受到被加諸壓力時的狀況，而具體地提出發問，結果沒想到，才對話不到一、兩句，就惹得客人老大不高興，而急急忙忙結束了對話。

單純的一句話，其背後卻隱藏了許多複雜的弦外之音。探索對方想要省略或隱藏的部分，通常都可以活絡對話的氣氛。

炒熱話題的發問技巧2被一般化的東西是什麼？

在我們說話時會出現的三個習慣當中，我們已經討論過了第一個「被省略掉的東西是什麼？」接下來，我們要討論的是「被一般化的東西是什麼？」

例①「因為我被○○美眉拒絕過一次，所以我絕對不會再開口約她了。」
例②「是我的部下，就應該要更聽我的話！」
例③「每一位女公關都認為接待上門的客人是應有的禮貌。」

我們終於遇到了最棘手的三種發言情況。限定的發言（例①）；限制的發言（例②）；無視於所有可能性，便逕自認為自己的想法是對的發言（例③）。

反過來說，將「限定」、「限制」、「無視於其它可能性」這些視為重點來進行發問，一旦獲得證實，話題的廣度便會因此拓展開來。

然而，在日常生活的諸多體驗中，我們或遭遇到限制，或遭遇到限定，或將這些經驗一般化，並透過種種所經歷到的體驗，從而建立起無可動搖的信念。換句話說，也因為可以藉此觸及到信念的部分，所以能夠掌握到加深彼此對話深度的重點。

■「因為什麼緣故而不做那件事情？或做那件事情？」

只要一聽到像例①對話中所提到的「做得到」、「做不到」、「做」、「不做」這類字眼時，就可以像這樣發問：

「因為我被〇〇美眉拒絕過一次，所以我絕對不會再開口約她了。」

「是基於什麼樣的考量，讓你決定不再開口約她了呢？」

A「嗯～這麼說起來，應該是不想再次受到被拒絕的傷害吧！或者是不想讓她對我的印象更差……」

B「才被拒絕過一次，是不是應該再開口約一次比較好呢？」

對話的展開分成了兩個方向。像A的情況，只要對方針對問題回答了自己判斷後的結果，透過對方的答案我們便能掌握到對方的情報。在A的會話中，我們可以瞭解到，「保護自己」是對方思考時的優先重點。接下來，彼此對話的方向就可以朝著在「保護自己」的前提下，對方想和○○美眉發展成什麼樣的關係來進行。

前一陣子，有某位客人跟我聊起了他對另一家俱樂部女公關心生好感的話題，巧的是，他的情況剛好和我舉的例①如出一轍。

「我的話只能點到為止，因為說的永遠要比做的簡單。可是，我可以感受得到您真的很想試著開口再邀請對方一次的心意。是什麼原因讓您不再開口邀約對方呢？」

我試著丟出了這樣的問題。

結果，因為我的問題而讓客人自己做出了決定，

「我懂了！謝謝妳！我希望自己能珍惜○○美眉。畢竟，我的身份是已婚者啊（笑）」

對方因而豁然開朗，並為此向我道謝。

只要習慣了發問的技巧，即使不需要給建議，也可以引導對方釐清問題所在，並進一步解決對方的煩惱。

那麼，如果回答出現了像B那樣的情況時，我們則可以利用和接下來例②同樣的發問，來進一步加深對話的深度。

■「如果～做的話（不做的話），情況會變成怎麼樣呢？」

只要一聽到像例②對話中所提到的「～應該」、「～不應該」、「～必須、應該」這類字眼時，就可以這樣發問。

如果出現了例①中B的回答時，對話就要像這樣來進行。

「才被拒絕過一次，是不是應該再開口邀約一次比較好呢？」

「如果再開一次口邀約對方，您認為情況會變成怎麼樣呢？」

例②的情況：

「是我的部下，就應該要更聽我的話！」

「如果您的部下可以更聽您的話，您認為情況會變成怎麼樣呢？」

像例②的會話內容，可以說是俱樂部裡頭的老生常談。前一陣子，我針對與例②相同的會話內容，試著提出了一模一樣的問題，沒想到竟讓對話有了意想不到的發展。

事實上，客人口中的部下是由單親媽媽一手帶大的，這位部下似乎一心想讓母親過得輕鬆點，因而總是卯足了勁、拚了命的衝事業。可是，卻不得要領地做不出任何成績來。身為上司的客人顧慮到了部下母親的心情，所以他打算嚴格磨練自己的部下，直到部下能夠獨當一面為止。

可是，聽說在嚴格的要求磨練下，部下似乎出現了極大的反彈情緒，開始對自己的上司有了不聽指令並大唱反調的舉動。聽客人這麼一聊，我才瞭解到客人真正想傳達的，並不是要抱怨自己的部下有多愚蠢，而是以部下父親自居的客人，對自己那份愛之深責之切的慈父心意，竟無法傳達給部下而滿懷的悲傷。

多虧了使用這個技巧，我才沒有一心想著：「啊啊～肯定又是要抱怨部下有多愚蠢啦！你啊！滿口『應該、應該』的，都不嫌囉唆嗎？」而敷衍了事地將這段對話搪塞過去。這個技巧可以說是能夠把自己的價值觀暫且擱在一旁，對客人展現出純粹關心的技巧。

■「所謂的大家是誰？沒有任何一個例外嗎？絕對不會嗎？」

只要一聽到像例③對話中所提到的「大家」、「總是」、「絕對」、「全部」、「任誰都」這類字眼的時候，就可以像這樣發問。

「每一位女公關都認為接待上門來的客人是應有的禮貌。」

「到目前為止，您所遇到的每一位女公關都讓您有這種想法嗎？沒有一位是例外的嗎？」

像這樣提出問題，探索出在一般化的時候可能被刪除掉的東西。

會說出「她平常就這樣冷冰冰的」這種話，通常所要指陳的就是自己已經領教過了對方的冷淡。

這一類的問題在發問時，必須使用較為迂迴含蓄的言詞委婉提問，因此，在發問前，只要像這樣「我可以稍微請問一下嗎？」先詢問過對方的意願即可。

回歸正題。像例③這樣的對話，是不是聽起來相當耳熟呢？通常這一類的對話，很容易被敷衍帶過。在過去，我對這種客人相當感冒，甚至心裡還會有：「真是個說話討人厭的傢伙。那麼嫌棄女公關的話，只要別那麼常跑來俱樂部喝酒不就好了！」這樣的想法。

有一次，因為對方說話的口氣實在太強硬了，反而讓我對這位客人產生了「這個人究竟遭遇過什麼樣的經歷，才會有這種根深蒂固的想法呢？一定不是不得不這麼想，而是之前應該有過什麼慘痛的親身經歷，才會造成這種結果吧！」的想法，於是便借助了發問的力量。

原來，不久之前，這位客人跟某一家俱樂部的女公關還在認真交往，但不知道為什麼最近突然說要分手。光從客人的談話內容，就可以知道他們兩個對這段感情有多認真，而客人也從來都不覺得，對方是在欺騙自己的感情。因為這段感情實在太刻骨銘心了，因此讓這位客人做下了再也不和女公關談戀愛的決定。那段令人反感的發言，其實是這位客人故意說給自己聽的。

乍聽之下會令人產生偏見的言詞，在令人反感的字字句句背後，其實都有每位客人自身的故事或深刻的回憶。我之所以能夠知道這些事，並經歷如此不凡的體驗，全都是拜這個技巧所賜。

在我們的日常生活中也一樣，常有那種一說話就讓人感受到帶有偏見或歧視的人。如果有機會，請試著仔細去聆聽對方的話，或許可以因而見到對方不為人知的一面。

請善用技巧，打開被限制了的語言的可能性。

炒熱話題的發問技巧3受到指摘的東西是什麼？

終於來到了第三個重點，最後我們所要聊的重點就是，「受到指摘的東西是什麼？」

我們經常會因為發言毫無根據，在尚未證實真假之前便脫口說出而受到指摘。事實上，因為顧慮到某些發言可能會遭受「指摘」，我們於是會因為這樣的受限而變得苦惱。

在這個技巧三中，我們要注意的是對方想要指摘的部分，然後，再視情況來決定是應該要加深對話的深度？還是轉變話題？

根據「指摘」程度的不同，會因此而演變成複雜麻煩對話的可能性極高，所以，並不一定要追著對方打破砂鍋問到底。

那麼接下來，我們就舉幾個實際的例子來徹底演練，直到各位能夠靈活運用為止。

例①「那傢伙是真的打從心底討厭我！」
例②「究竟要到什麼時候，才能將我的想法傳達給公司員工呢？」
例③「自從遇見妳之後，我公司的業績就一路長紅呢！」
例④「○○美眉總是比約定的時間晚到。該不會是因為對我這個人不感興趣吧？」

在看過四個實例後，各位知道說話者想要指摘的是什麼嗎？

■「你瞭解對方為什麼會這樣想嗎？」

例①，在說話者說出了「那傢伙是真的打從心底討厭我」時，首先要針對為什麼會被「討厭」的來龍去脈提出問題。

「為什麼會被討厭，你心裡有個底嗎？」

這麼一問，對當事人而言可以成為證據的事實，就會隨著對話出現。我們遇到這類抱怨時，通常大都會回以「是你想太多了啦」這種不經大腦的答案，對吧？但是為了能夠加深對話的深度或拓展對話的廣度，我們就需要設身處地以說話者的心情，仔細去聽對方到底遭遇到了什麼，因此才會做出了自己被討厭的結論。

以對方的心情來仔細傾聽對方說的話，乍聽之下會覺得這是一件不可思議的事情，但藉由這個動作，卻可以因此察覺到對方想要指摘的重點在哪裡。在證據不足的情況下，如果我們可以自己察覺到事實，並進一步做出判斷，這麼一來，當事人也會感到比較輕鬆。

同時，從我們的角度去瞭解對方在什麼地方容易受到別人的指摘，也有助於下一次與對方應對（言詞的選擇方式、態度等等）。

■「被隱藏起來的前提是什麼？」

被說話者所隱藏起來的片面指摘形式，在透過例②「究竟要到什麼時候，才能將我的想法傳達給公司員工呢？」這一段話的內容被表現出來了。說話者將「我的想法無法傳達給公司員工」這個指摘前提給隱藏起來了。

「你感覺到自己的想法無法傳達給公司員工時，多是在什麼時候呢？」我們可以提出這個問題，來做為對方思考的前提，協助對方釐清是在什麼時候會感覺到「自己的想法無法傳達給公司員工」。在這種情況下，對話通常都可以順利展開。

這個問題一旦被提出後，對方就會認為「自己的想法無法傳達給公司員工」的想法已經被妳接受了，說話者會因此而感到安心，情緒也會跟著緩和下來。

緊接著，就能愈聊愈投機，愈聊愈深入。

在這裡先聊個題外話。接下來我要聊的部分，因為或許可以做為在不怎麼喜歡的男性對妳表達好感時的參考，所以，我便自作主張地擅自離題囉！

在夜世界中，以這種前提為對話的內容並因此而深感困擾的女公關，其實大有人在。

「雖然我只是像這樣來這兒坐坐，但妳瞭解我對妳的心意，對吧？」

「如果妳不是只單純地把我當成客人看待的話……」

夜晚的銀座常會出現上述兩種情況。之所以會出現這兩種情況的前提，當然是客人希望女公關可以進一步地跟自己「交往」，對吧？

在工作上，因為不能斬釘截鐵地直接拒絕對方，所以在這種時候，我們就要施展名為「輝夜姬*1」的戰略，也就是要使出渾身解數，頻頻出招來刻意刁難對方。當然！即使是刁難對方，還是要以開玩笑的方式來進行。這麼一來，在不知不覺中，彼此的對話就會在玩笑中無疾而終。

例如，當對方提出「旅行」的邀約時，一定要大唱反調，或刻意挑選無法成行的地點。

「咦？旅行嗎？聽起來真不錯呢！如果真要去的話，我想去馬丘比丘*2」

「我啊！最喜歡音樂了！如果要旅行的話，我想要到遠近馳名的米蘭史卡拉歌劇院*3去聽歌劇！」

要像這樣不傷彼此感情地讓對方碰軟釘子。

當然，聽到妳獅子大開口的客人可能會使出緩兵之計，以「先從附近的溫泉開始」為由，試圖說服妳接受邀約；這個時候，妳就要像跳針的CD一樣，不斷地再三重複「馬丘比丘」、「史卡拉歌劇院」的魅力所在。這麼一來，大部分的客人都不免豎起白旗，直接放棄邀約妳的念頭。

截至目前為止，我的「輝夜姬」戰略還沒有失手過。採用輝夜姬戰略，不只不會傷害到對方的感情，還能炒熱國外旅行的話題，可以說是一舉兩得。

■「說具體點，究竟是什麼原因造成了這樣的結果？」

例③中「自從遇見妳之後，我公司的業績就一路長紅呢」的這番話，即使不用分析得太仔細，也可以輕易發現到「因為遇見了妳」與「公司的業績一路長紅」這兩件事情之間沒有明確的因果關係。

當無法確定兩者間的因果關係時，我們可以參照原來的會話內容，向對方提出「為什麼遇見我這件事情（具體而言）會和你公司業績一路長紅有關呢？」這樣的問題，這麼一來，接下來的對話就會順利進展，而對話的深度也會因此加深。

這是為什麼呢？之所以會在毫無關係的部分，勉為其難地將之做出連結，通常都是因為自己想要控制對方情感的意志在作祟。

在出現例③的情況下，多少可以使用「幸運女神」的說法來誘導對方開口。如

＊註1：《輝夜姬物語》又名《竹取物語》，為日本古老民間傳說。傳聞有月之仙女偶落凡間，一名男子因想娶她為妻而偷去她的天女羽衣，仙女返不了月只能留在人間，之後便與這名男子生兒育女。

＊註2：馬丘比丘，當地語是「古老的山」的意思，位於秘魯境內，是印加帝國留下最宏偉、也最神秘的遺跡。

＊註3：按照字面上的意思即為「階梯上的劇院」。位於義大利米蘭，原址本是聖母階梯教堂的遺跡，後改建為皇家公爵歌劇院。1776年不幸失火燒毀，於是由建築師皮爾麥里尼以新古典主義建築風坵進行重建，1778年首度揭幕啟用。

果自覺做得太過火了，可以再多加上一句：「要是能被您這麼稱讚，我會感到很開心！」來滅一下火，如此，便能輕而易舉地誘導並控制對方接下來的發言。

就像「因為景氣很差，搞得氣氛也很糟」這類的發言，事實上，不管景氣差和氣氛糟之間有沒有直接的因果關係，總而言之就是因為自己老大不愉快，所以要想盡辦法讓自己心情好起來，再不然就是讓對方的心情跟自己一樣不好、不開心，用類似這樣的方式來左右對方的情緒。

當事人雖然察覺不到，但這樣的對話模式從開始到結束，對方都會持續說個不停。

正如同我們前面所說的，比起用「說得具體一點，究竟是什麼原因造成了這樣的結果？」的發問來加深對話的深度，倒不如善用一句「對啊」來接招，試著抓準時機轉變話題。

■「為什麼X就是Y的意思呢？」

最後一個例子，就是例④中所提到的「○○美眉總是比約定的時間晚到。該不會是因為對我這個人不感興趣吧」。

在這段話裡，包含了「○○美眉總是比約定的時間晚到」與「該不會是因為對我這個人不感興趣吧」兩個含義。明明講的是兩件事，但因為文句構成的方式而導致乍看之下只有一個意思。

例④和例③有點類似。可是，在這個情況下，根據當事人所陳述的內容可以判斷出，當事人並沒有想控制對方情感的意圖。不管是哪句話，兩者聽起來都沒有一點因果關係，只是說話者單純地因為想指摘而指摘罷了！

遲到與對自己毫無興趣這兩件事，根本風馬牛不相及。因此，我們要見招拆招，提出像這樣的問題。

「遲到就等於對你沒有興趣，這話怎麼說？我是覺得這兩件事不相干啦！」

像例④這一類的對話內容，比較容易用開玩笑的方式來應對。前一陣子，我也碰到了一個相當有趣的情況。

有位客人一面啃著蔬菜棒，一面做出了以下的發言。

「我啊，因為是屬馬，所以特別喜歡吃胡蘿蔔呢！」

我抓緊時機，沒正經地回了一句：「屬馬的跟喜歡吃胡蘿蔔哪有什麼關係啦！」

結果搞得哄堂大笑，客人也因此樂不可支。

在這種情況下，就連對搞笑型客人感到棘手的我，也可以將整個場面逗笑。將兩個風馬牛不相及的事情硬是扣連起來作為搞笑的笑點？還是要用來加深彼此對話深度的工具？這就要請各位自行斟酌了。

第四章的內容就進行到這裡，我們所討論過的發問技巧還請各位在使用時，記得一定要放軟說話的語氣及臉部表情。因為過於認真的表情，和過於嚴肅的聲調，都會讓對方感覺像是在做筆錄。

請以歸納＋發問的形式，向對方提出溫和的問題哦！

不讓發問淪於「盤問」的方法

妳認為想與初次見面的人建立關係最重要的事是什麼？如果妳想要認識的人是妳自己，妳會怎麼和自己建立關係？

最近，在我以心理治療師的身份和別人交換名片時，我發現這樣的舉動居然會讓自己感到異常疲憊。

不管是以水希的身份也好，以心理治療師的身份也好，我都很習慣跟第一次見面的人說話聊天，從來沒有因為跟對方是第一次見面而感到疲勞。我對這樣的發現感到很不可思議，於是，便試著詳細地針對交換名片的場合及情況進行了分析。

我想這些會話實例都是各位日常生活中會經歷到的典型範例。那麼，接下來，就來稍微聊一下有關於我的會話實例好了。

「妳是一名心理治療師啊？」

「是的！F先生，您在○×商事的營業部高就，對吧！」

「嗯！話說證照的種類還真是多啊！心理治療師的證照要如何取得呢？」

「啊！到〇〇，經過××的考試之後，就可以拿到囉！F先生……」

「咦？哇！妳的事務所位在丸之內商業區*啊！真是厲害！租金很昂貴吧？」

「沒有F先生想得這麼貴啦！話說回來，F先生的公司也在丸之內商業區附近呢！」

「唉啊！妳真是謙虛了。再怎麼說也是在丸之內商業區呢！一定很貴！租金大概需要多少錢？」

「〇×萬。」

「咦？租金果然很貴呢！妳的心理治療室來的都是些什麼人呢？」

「我主要是在治療憂鬱症及恐慌症的。」

「聽起來還真的是很專業呢！這個職業會讓人感到很疲勞吧！該怎麼說呢？就是得承受一堆負面能量之類的。為什麼妳會想當心理治療師呢？該不會是過去自己也有過類似不愉快的痛苦經驗吧？」

「……」

像這種牛頭不對馬嘴，貌似價值觀口水戰的初次見面的會話經驗，各位一定也會感到疲勞吧？該怎麼扭轉話題，才能讓對方不感到疲勞，又能構築起彼此的關係呢？

針對如何與他人建構起初步關係而一路和我一起勤加練習過來的各位，應該大致可以知道吧！

首先，要和他人建構初步關係的第一個步驟，就是要打造出彼此間的信賴基磐。因此，最重要的一件事就是，要向對方傳遞自己是個可以安心對話的人的這個訊息。

接著，再透過發問探索出要將位在訊息背後的五個弦外之音當中的哪一個傳達給對方，才可以深入發展對話。在交換名片的階段，發問的限度要在不超越YES套組的範圍下做結束。

如果發問的限度超越了YES套組範圍，結果就會像我前面所經歷過的會話實例一樣，感覺上就像被對方逼供，對話也無法順利展開。這只會讓對方覺得妳是在「收集情報」、「出於好奇」、「審問」，而感到強烈的不愉快。

執行完YES套組發問後，就要開始尋找話題。要狀似漫不經心地和對方聊起彼

*註：日本東京都千代田區皇居外苑與東京車站之間一帶的地區，為日本有名的商業街，同時也是三菱集團的大本營。

此共同的周邊情報。如果時間充裕，就可以天馬行空地讓對話持續下去，在這十五分鐘內建構起彼此信賴的基磐。

在名片交換時間很短的情況下時，只要利用YES套組的發問技巧，就能讓對方留下妳是個很容易聊天的人這樣的好印象。

第二個步驟是，發問的問題擔負著主導及決定會話方向的任務。

因為只要一不投機，會話將無法順利繼續，同時自己心中也會感到不安。所以，我們常會口無遮攔地發問，好讓會話得以進行下去。但這種舉動充其量只不過是想讓自己心安罷了！就像我們在第一點中提醒各位的一樣，這種舉動並不是「發問」，而是在「審問」。在這種情況下，只會讓對方感受到無比的壓力。

從第一章開始到目前為止，我們所學習到的會話技巧，並不是要讓自己感覺到心安，而是要製造讓對方容易開口的氣氛。

方向不明確的發問，很容易讓對話內容流於無關緊要。對方的思緒也會跟著四處遊移沒有定向，這麼一來就只會徒增對方的壓力。

就像前面讓我感到疲憊的會話實例，因為對方的發問太隨機了，以致話題漫天亂飛。除此之外，在那個會話實例中，對方還對我的問題置若罔聞，只顧一味隱藏自己的事，讓我充分感覺到自己不被信任。

是要拓展話題的廣度好呢？還是要加深彼此對話的深度好呢？要選擇哪種程度的內容來做為對話主題呢？通常，我們都會一面注意對話的方向，一面將會話營造成有故事的感覺來進行。一面注意故事的各個環節，一面具體地讓對話成形。這麼一來，對話氣氛也會因此而加溫。

前面我們所介紹過的三個發問技巧，是追著對方會話的內容來打破砂鍋問到底。在使用這三個技巧時，很容易會讓對方感到被逼供、審問的不愉快，所以在使用時需要特別小心。

要先做好心理準備，等到彼此間的信賴關係建構起來再行使用，請將它們視為用來找出對話方向的技巧。除此之外，為了不要讓發問流於逼供或責難，請使用接下來所介紹的技巧。

■歸納之前的對話內容，買好保險後再發問

歸納之前的對話內容，並將它們濃縮成簡短的發問。

例如：

「雖然身為社長，說穿了，不過是個微不足道的上班族罷了！」

A「誰說你只是個微不足道的上班族？」

B「雖身為社長，卻只是個上班族啊。這是誰說的呢？」

如果是妳，會選擇哪一個問題來發問呢？

為了保險起見，最好還是選擇B問題。無論如何，請歸納之前的對話內容買好保險，以避開審問的嫌疑並緩和發問時的氣氛。

請妳把人與人之間的關係是藉由語言收集情報來掌握對方狀況，並進一步運用所蒐集來的情報構築而成的這種陳腐想法丟掉。

用最適合的方式展現誠意，向對方傳遞自己是個可以讓人感到安心的對象的訊息，並表示敬意。

一開始的時候，對方想說什麼就讓對方儘量說個夠。請記住，這個舉動是在將你想要進一步理解對方這個重要的訊息傳遞出去。

不要再做出「會讓對話急速冷凍的行為」

一旦過度專注在對話內容上，就很容易會忘記要持續利用行為舉止或態度來向對方傳遞訊息。

各位還記得我們在第一章和第二章中所學過的，在對話期間要配合姿勢，並不時點頭的技巧吧？在這個小節裡，我們所要介紹的是，有哪些行為舉止或態度已經不自覺地內化成了妳的日常習慣，或甚而讓妳在不知不覺中降低了對方和妳對話的意願。

請各位確認一下，自己有沒有這些壞習慣哦！

■一面說話，一面用手指玩弄頭髮

一面玩弄頭髮，一面進行對話，有這種壞習慣的女性竟出乎意料的多。雖然接下來舉的例子很極端，但如果妳的朋友在妳面前哭喊著「我好想死」而訴苦時，妳還會一面玩弄頭髮，一面傾聽她的抱怨嗎？

一面玩弄頭髮，一面傾聽對方訴苦，只會向對方傳遞以下兩種訊息：

①妳講的話好無聊哦！我一點興趣都沒有

②妳講的話讓人感到不安、情緒不穩，叫人無法靜下心來

曾經有一段時間，似乎很流行「在說話的時候玩弄頭髮是一種示弱的象徵」這樣的說法。但，真的是這樣嗎？為了一探究竟，我收集了身邊客人的各式意見。

根據收集來的意見，男性的真心話不脫「我的話很無聊嗎？」「一副靠不住、頭腦很差的樣子」這兩種。結果好像不如女性所預期的具有加分效果。會一邊玩頭髮，一邊說話的女性，請趕快停止這種要不得的壞習慣。

的確，女性的頭髮對男性而言具有魅惑的吸引力。我留有一頭長髮，髮質強韌，髮色也帶有美麗的光澤。在化身為夜世界水希的時候，即使把頭髮往上盤也能給人光澤動人的感覺。常常有客人會做出這樣的要求：「可以答應我一個要求嗎？可以讓我摸一下妳的頭髮嗎？」

與其利用撫弄頭髮來展現女人味，倒不如以擁有一頭烏黑亮麗的秀髮，讓人不由自主想出手撫摸的性感女人為目標，這種作法還比較聰明，各位不這麼覺得嗎？

■用手撩頭髮，或撥弄瀏海

用手撩頭髮的舉動，以往都被認為極富有挑逗的意味。的確，這個舉動會讓女性增添性感魅力，但如果出現次數太過頻繁，就會被認為是在暗示說話者儘早結束對話。

用手撩頭髮，或者是把頭髮塞到耳朵後面，這些舉動看在對方眼裡簡直就像「石破天驚」一般叫人怔忡不安。好不容易彼此的對話節奏才剛要進入狀況，卻被手部的動作給打斷，而讓對話顯得凌亂。

這些事情也是在我進入心理治療學校學習後才知道的。或許每一位從事酒店服務業的女公關之所以要把頭髮四平八穩盤在頭上，並不只是單純地要求造型美麗而已，更重要的應該是為了想要貫徹接待客人的服務吧！

■口角向下垂的表情．眉頭糾結的表情

在沒有特別情緒的狀態下，跟別人進行對話時，各位知道自己究竟是帶著什麼樣的表情嗎？

一邊注意著對方的一舉一動，一邊專注在對話的進展上，大多數的人都是帶著嘴角向下垂，一臉不滿的表情喔！

不帶任何情緒下的表情，通常會成為盲點。

以前，我待過的某一家店有將店內情況一一攝影記錄下來的習慣。當我第一次看見自己的影像出現在螢幕上時，我簡直嚇壞了。原本打算「認真」聽客人傾訴的我，竟出現了類似不開心、緊繃著臉的表情。

現在想想，的確偶爾會有客人開口問：「我是不是說了什麼讓妳感到不開心的事？」

當然，根據對話內容的不同，有些時候是真的不太適合出現嘴角上揚、臉帶微笑的表情。可是，不開心緊繃著臉的表情卻會造成客人的擔心。

在不帶情緒時所顯露出來的表情，要注意儘量讓嘴角往上揚大概一釐米左右，這麼一來，便可以預防出現不開心緊繃著臉的表情，雖然談不上面帶微笑，但一臉認真的神情便足以維持態度凜凜的美麗表情。

如果可以注意到這個細節，妳就能比周遭的人早一步搶得先機。

和嘴角的情況一樣，只要一認真聽別人說話，就會出現一邊皺著眉頭一邊認真聽講的壞習慣，有這種壞習慣的人其實是很多的！一邊皺著眉頭，一邊聽人開講，這種表情對女性來說絕對談不上美麗，而且更容易把「你說的話無法說服我」這種錯誤的訊息傳達給對方。

當想要隱藏什麼時，我就會出現在腦裡一邊反芻對方說的話，一邊思考下一步該怎麼做的壞習慣。因為處於反芻回想的狀態，所以眉頭容易糾結在一起。有一次，話說到一半，客人突然用手指按壓我的眉頭，然後對我說：

「水希美眉，妳不要皺著眉頭聽我講話啦！總覺得我好像說了什麼妳聽不懂的東西，這樣很令人感到不安耶！」

那時候客人用手指按壓我眉頭的動作帶給我極大震撼，所以這個壞毛病一下子就被治好了。各位也請試著在日常生活中觀察自己的親朋好友有沒有這種壞習慣吧！

讓我們以不管在什麼時候，都能帶著凜凜美態傾聽他人說話為目標。

■姿勢不佳

一旦姿勢不佳，就會讓我們從第一章開始好不容易累積起來的實力功虧一簣。不管是被誰的談話給吸引，當妳熱中於某人的談話內容時，請千萬不要弓著背或大剌剌地攤在椅子上。

當姿勢顯得無精打采時，人也會感到無聊而無法集中精神。各位不這麼覺得嗎？彎腰駝背的人，光是一個彎腰駝背的動作就會讓自己蒙受相當大的損失。儘管聽得再怎麼認真，但進入對方眼裡的景象只會讓對方覺得：「妳真的覺得那麼無聊嗎？妳是生性邋遢馬虎的人？還是沒有自信的人？」

相反地，如果姿勢筆挺，就能將「我對你的發言充滿敬意，我想再多聽一點」這樣的訊息傳達給對方。

背部打直，讓肩胛骨內縮儘量靠近。接著，將脖子伸直，收緊下巴，儘量不要讓脖子往前傾。

只要姿勢正確，就會受人注目，還會讓人想開口跟妳聊天。最好的鐵證就是，在No.1紅牌女公關裡頭沒有一個人是姿勢不佳的。

在第一章中，我們曾經稍微提到，比起言語，人們更習慣相信或依賴自己親眼目睹的情報訊息。請不要小覷透過行為舉止或態度所傳遞出來的訊息，對對方而言，這些都充滿了真實性。

取而代之的是，要改用這個方式炒熱話題

在聊完了什麼樣的行為舉止或態度會讓談話氣氛急速冷凍後，現在，我們則要改為各位介紹，什麼樣的行為舉止或態度會讓談話氣氛迅速增溫。

只要實踐接下來幾個重點就能炒熱對話的氣氛，所以就算忘了前面所學過的技巧也沒有關係。

■身體往前探

當我們為電視、電影或演講的內容著迷時，我們的身體似乎會自然而然地做出往前傾的姿勢。相對地，因為有興趣而深感著迷時，我們的身體就不會採取往後拉開或頭往下低的姿態，而是會一邊猛點頭，一邊嚷著：「然後呢？然後呢？接下來怎麼樣了？」以這種容易讓人感受到自己熱情的舉動來追問對方後續。但不管功夫做得再仔細，只要身體一呈現往後拉開的狀態，就會讓前面辛苦鋪陳的效力大打折扣。

在心理治療學校的時候，在學習聆聽對方談話的所有技巧當中，我們第一個被要

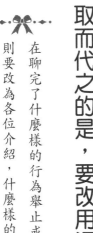

求學習的重點就是，以身體來表現訊息的方式。

我試著回想以前身為紅牌No.1的前輩們，每一位在接待客人的時候，身體也一定都是處在往前傾的狀態。等到對話氣氛已經被炒熱了，或者是說話者正說到了重點、精彩之處時，就要讓身體往前傾，拉近自己和說話者身體間的距離。這麼一來，說話者就會情緒大好並繼續往下聊。

只要一做出身體往前傾的姿勢，就會出現讓自己變得能夠專注在毫無興趣的對話上的效果。身體往前傾，向說話者發出自己正沈迷於對方談話的訊息，對話的氣氛也會因此而活絡起來。

■豐富的臨場反應

臉部的表情，要隨著對話內容的喜怒哀樂做大幅度的變化。

請試著想像一下。在眼前跟自己對話的人，因為有趣而噗嗤笑出聲；因為受到震驚而感到錯愕；因為悲傷而感到難過，就這樣一路手舞足蹈地聽著妳說話。

在情感面上，妳也一定會因為這個人可以理解妳所說的話而感到開心，說話的意願也會跟著增加，而對話也相對能夠持續下去。

在心理治療室中也好，在銀座也罷，女公關和心理治療師共同的任務就是要讓顧客願意多開口說話。為了能夠讓對方儘量多開口，因此就有必要減少我們自己說話的機會，以敦促對方多多發言。為了能藉由表情或反應向顧客傳達自己已經理解了他所說的話，因此心理治療師也是必須接受訓練的。

在銀座，通常只要一聊到有趣的話題，身為女公關的我們就會誇張的「哄堂」大笑；一涉及認真嚴肅的話題，便會屏氣凝神地專心聽講。為了讓反應頻率有所變化，並且容易傳達出去，可說真的是努力下足了功夫。

要讓反應頻率有所變化是需要訣竅的，那就是要將正面的反應儘量放大。這麼一來，就算表情沒有什麼改變，也能將負面的反應傳遞出去。

所謂負面的反應，就像是憤怒的表情或憂傷的表情等，若將這些帶有負面情感的表情掛在臉上，看起來可是一點都不美。所以我們要勤加練習，直到自己可以隨心所欲地放大笑容或做出驚喜的正面反應，而且能用微小的變化來表現出憤怒或苦惱的負面情感為止。

■時機是點頭附和的命脈

針對點頭附和這個主題，在前面雖然已經討論過好幾次，但在這裡我還是要再強調一次，點頭附和可以說是我們對話時最強大的武器。為了要將這個最強大的武器發揮到極限，接下來，我們要來討論「時機」對點頭附和的重要性。

就像前面所陳述過的一樣，在心理治療學校學過點頭附和技巧的我，可是卯足了勁立刻在銀座展開學習成果的測試。

一心想按照學來的時機點進行點頭練習的我，在試著挑戰之後發現到了一件事。

那就是每一位女公關，就連我自己本身在內，都會很自然地以誇張的方式來點頭，因而都是屬於毫無規則性的點頭娃娃。仔細觀察我的四周後發現，點頭娃娃可以分成三種類型，一類是只以小動作像是「嗯、嗯」的點著頭的女生；一類是胡亂猛力點頭的女生；另一類則是敷衍了事點著頭的女生。

沒錯！沒有任何一位女公關是在心裡盤算好時機，然後抓準時機才點頭的。每一個人，都只忠於自我的節奏及步調。也因此，要我一邊注意在對話中的頓號或句號處穿插點頭的動作，又要一面顧及不能跟周圍格格不入，這樣的練習還真的是很困難。

儘管如此，我還是努力練習再練習，結果卻發生了一個有趣的現象。那就是每當客人發表談話告一小段落時，客人便會主動問到：「水希美眉，那麼剛剛我所說的那些妳都懂了嗎？」來尋求我的回應。

不管是在哪一桌，就算還有其他女公關同桌也一樣，只要客人想確認大家是否瞭解了自己的談話內容時，不知道為什麼都會點名我，以用來確認是不是每個人都「瞭解了」。

換句話說，再怎麼一邊點頭一邊傾聽對方說話，就算態度上已經有所表示了，但只要不是在恰當的時機點頭，就無法讓對方認為妳有聽進去並且已經理解了。

所以，為了確認自己的話是否有被理解以求安心，客人才會開口問總是在只有時機對的時候才點頭的我「瞭解了嗎？」來尋求回應。

不管是在上課或演講中，只會以小動作「嗯、嗯」點著頭的人，我們通常都會嘲諷對方其實根本不了解內容，對吧！

果然，我們都有相當強烈的刻板印象，都會認為行為舉止或態度這一類親眼目睹的情報都是真實的。

到目前為止，一直在努力琢磨技巧的妳，請一定要徹底貫徹在對話中出現頓號及句號的時機時點頭，並利用對話真正的意義來炒熱對話氣氛哦！

第五章

如果能做到這一點就天下無敵了！
讓人想再見妳一面的女性——高級進階篇

善用「生存問題」帶給人精氣神的小魔女

第五章，是高級進階篇。

將前面四章所學過的技巧全都熟練後，請試著再挑戰第五章中所介紹的這些高級技巧。

學習技巧最快的捷徑，莫過於將一個技巧徹頭徹尾地熟練。如果這一週打定主意要熟練「配合姿勢」這個技巧，就只要徹底練習「配合姿勢」這個技巧，直到熟練為止。練習到一點都不會感覺到勉強後，接著再將練習目標移往下一個「配合聲音」的技巧上。

一次練習一個技巧，藉由腳踏實地的演練，很快便可以靈活運用苦練而來的成果。

那麼，為什麼我會稱第五章為高級進階篇呢？那是因為從這一章開始，我們要將發話者的位置換人坐，一步步讓自己慢慢成為談話時的主導者。

在前幾章，我們始終都努力扮演著聽話人的角色，但是從第五章開始，我們要逐步讓說話的主角在不知不覺中變成妳自己。

儘管說是要主導對話，但所使用的話題及內容終究還是由對方來提供。說得太多可是很要不得的！所以要拿捏得恰到好處才行。比較接近的感覺就像是，跳著雙人舞的兩個人好不容易在呼吸上已經可以配合了，所以接下來要將帶舞的人變成妳自己。

在第三章中，我們已經學會了利用讚美的方式來認同對方。到了第五章，我們就要特別針對「母愛類型」人的部分來做仔細討論。

接下來我們所要介紹的是名為「生存問題」的技巧。正如其名，這是個可以讓處於困境的對方獲得元氣的技巧。

這一類的生存問題，可以讓無法順利的事情變順利。當然，就算不是身處困境之中也可以使用。

第四章中我們曾經介紹過隱藏在問題當中的五個弦外之音，而這一類的生存問題都是屬於五個弦外之音中的「催促對方發現」的問題。

我們要像這樣子來使用：

客人①「最近啊，也不知道為什麼就是沒什麼幹勁呢！還被老闆說了：『再這樣下去，只好把你開除了』這種話。該說我是沒幹勁呢？還是我沒辦法集中精神呢？」

水希①「這樣啊！雖然我不清楚發生了什麼事情，但看起來是真的沒什麼幹勁呢！可是，只是因為沒幹勁就要被開除，這壓力還真大呢！」

客人②「就是說啊！我也搞不太清楚自己究竟是怎麼了？東想西想，綁手綁腳的，工作上的事情什麼都掌握不了！」

水希②「不管怎麼想，都想不透到底是什麼原因所導致的嗎？除了思考為什麼之外，是不是有先試著去做點別的什麼事情呢？」

客人③「嗯？除了思考之外？」

水希③「是啊！因為您也不是全無幹勁地放任自己什麼都不做啊！您是有自覺到再這麼下去就真的不妙了而陷入思考的，因此才會告訴我這麼多事並來找我商量啊！您也是希望自己可以全神貫注，恢復以往的幹勁，在工作上繼續努力衝刺的，對吧？」

客人④「嗯，事到如今，我也覺得根本就不是幹勁的問題。最近，我還在懷疑究竟是不是因為自己是個既成不了事、又無能的傢伙，才會搞到現在這個局面呢？」

水希④「只要一懷疑自己無能，便萬事休矣喔！在出現這種想法之前，您曾經有做過什麼事情嗎？」

客人⑤「啊！聽妳這麼一說，最近我才剛完成一項大型計劃案。現在想想，會不會是因為原本繃緊的弦，一下子鬆掉了的緣故呢？」

水希⑤「是這樣啊！手頭上的大型計劃才剛告一個段落是嗎？真是辛苦您了！這時候的身體與心理一定都想好好休息一下吧！既然拿不出幹勁，就暫時先不要勉強自己吧！」

客人⑥「妳說的有道理。暫時讓自己鬆懈一下，緩和疲勞也沒有什麼不好，對吧？但話是這麼說，我為了不讓自己胡思亂想，又想恢復幹勁重振雄風，還特地到健身房去進行了健身訓練呢！」

水希⑥「咦？健身訓練嗎？這樣聽起來不是幹勁十足嗎？」

客人⑦「啊哈哈！儘管在健身房裡幹勁十足，在工作上卻沒打起精神來呢（笑）」

水希⑦「那麼，有試著減緩自己的步調來進行工作嗎？」

客人⑧「這個方法我倒是完全沒有想過呢！平常不管對什麼事情，我都是集中精神，全神貫注全力以赴！」

水希⑧「那麼，就當作是嘗試好了！明天一整天，用慢一點的步調來處理工作，就請

K先生藉此感受一下，這麼一來究竟會出現什麼樣的感覺？」

客人⑨「就這麼辦！我來試試看！這個時期稍微休息一下也無妨。總覺得心情輕鬆多

了呢！」

這次的會話實例稍微長了一點，但各位察覺到了嗎？水希在對話的哪些部分使用了「生存問題」呢？

「生存問題」是名為「焦點解決取向（SFA,Solution Focused Approach）*」心理諮商技巧當中的一個技巧哦！

這種諮商技巧所適用的對象是遭遇有危機情況的諮商者（像是，有自殺傾向、受到家暴、遭遇過事故等）。

詢問諮商者為了應付、適應危機的情況，到目前為止曾經做過哪些事情？這麼一來，諮商者就會開始描述自己一開始究竟身處於哪種程度的危機當中。然後，我們要一面安慰對方終於從那樣的危機中走了出來，再一面繼續詢問諮商者是「做了哪些努力，才能克服之前的困境一路走到現在的？」

隨著問題的出現，不管諮商者的心靈被過去的受傷經驗搞得有多混亂，為了能夠回答「自己曾經做過了哪些努力，才能克服之前的困境一路走到現在的？」這個問題，諮商者就會針對問題開始進行思考。

思考後的結果，原本一直以為自己什麼都做不到也掌握不了，並為此而深感絕望的諮商者，就會意外地察覺到，為了應付、適應危機的情況，自己早就已經採取過某些行動，並進一步湧現出面對問題及足以往前踏出的力量。

這個問題的好處就在於「曾經做過哪些努力」的問題點上。因為只會出現「曾經做過什麼事情」及「曾經可以做什麼事情」這兩種積極樂觀的答案。

在瞭解了「生存問題」的構造後，讓我們再一次回歸問題本身。

水希在對話的哪些部分使用了「生存問題」呢？

*註：所謂的焦點解決取向諮商，並不以診斷問題、探究問題成因，再消除問題癥結來協助案主，而是將促成案主改變的著力點置於其本身所擁有的「沒有困擾發生時的情境、行動」之經驗；不追究問題根源，而是看出（或相信）解決問題的策略即蘊藏在個案的光明面（或例外）當中。可以說是一種未來導向、對個人潛能高度信任與尊重、以案主為中心的治療法。

在水希②「除了思考為什麼之外，是不是有先試著去做點別的什麼事情呢？」的部分，完全跟公式中所提到的一樣，問到了截至目前為止對方曾經做過哪些事情？用什麼方式來應付、適應危機的情況？

接著在水希③的部分，使用了客人自己所提到的「思考自己究竟是怎麼了？」這句話，並間接利用「既然會找我聊的話，那就一定有過什麼事情」來表現對「除此之外，還有沒有做過什麼事情？」這個問題的回應，同時也再度問及了截至目前為止，客人究竟做了哪些事情？用了什麼方式來應付、適應眼前的危機？

在發問後的這段期間，客人的腦袋就會開始運作，並針對「之前都思考了哪些東西？之前都做了哪些事情？」這兩個問題來進行思考。

這麼一來，就會出現新的事實。然後，我們在客人⑤的部分，終於可以瞭解到客人最近才剛完成一個大型計畫案這個與問題癥結有關的答案。

一聽到客人說出問題癥結的同時，建議各位也要像水希⑤一樣，立刻回以「辛苦了！既然拿不出幹勁，就暫時先不要勉強自己。先好好休息一下吧！」這樣的話語來安慰對方。

在和水希對話的期間，因為客人的腦袋仍在針對「之前都做過了哪些事情」這個問題進行思考，所以接著又出現了「到健身房進行健身訓練」這樣的情報。

因此，在水希⑥中才會出現了「健身訓練嗎？這樣聽起來不是幹勁十足嗎？」的內容，來呼應客人為解決問題所做出的努力。

這麼一來，不久之前還想著自己全無幹勁又毫無能力的客人，也會為此對自己改觀，想著自己其實仍然充滿了幹勁，能力也還算不錯，而重新振作起來。

因為是在客人重新找回自信並因此而振作起來的當下，所以，儘管現實中對方仍然為問題感到焦躁不安，但對於水希⑦裡所提出「那麼，有試著減緩自己的步調來進行工作嗎？」的建議，也變得能夠欣然接受。

把這位客人的情況，從「自己毫無幹勁」的負面想法，轉換成「自己仍幹勁十足」的正面思考，藉由改變當事人對自己的重新認識來讓當事人恢復元氣，就是水希的重要任務。

通常，在出現有客人④這一類對話的情況下，多可以提出「不妨好好休息一下」的建議。

但若是客人仍然認為自己是個全無幹勁的人，心裡反而會湧現「妳完全不能體會我的感受嘛」的抱怨，因此對話也會跟著結束。

生存問題有相當多的公式，下面我們僅介紹一般會使用到的兩種公式。

①（處於困境中，為了克服困難）曾經嘗試做過哪些事情？

②該怎麼做才不會讓情況繼續惡化下去？

②的發問，對已經被詢問過①的問題，卻仍然厄運連連的人來說也具有一定的成效。

在一連串的說明結束後，要立刻開口表達安慰之意，並接著使用「該怎麼做才不會讓情況繼續惡化下去？」的問題來繼續發問。

在這個問題中，情況雖然因惡化而變得棘手，但之所以能夠停留在眼前這個情況下，應該是因為有（做過）什麼好事，藉由這樣的發問來引出對方潛在的可能性。

儘管是第一次見面，只要能配合對話等級靈活應用生存問題發問技巧，就可以藉此來加深彼此對話的深度。

善用「悲情故事」變身為讓人想呵護的小魔女

在第三章中，雖然我們也曾提到過，但不知道各位是否還記得男性之所以會頻頻造訪俱樂部，為的只是想要滿足自己的哪種慾望呢？

沒錯！這些流連俱樂部的男性，是為了滿足自己的「承認・支配・優越」的慾望，而夜夜來到銀座朝聖。

在第三章中，我們已經學會了如何透過「讚美」話術來滿足「承認」慾望的技巧。在這一小節裡我們所要介紹的則是，一口氣能夠滿足「承認・支配・優越」的超級神技。

當然，女性也是有「承認・支配・優越」的慾望的。

這個超級神技對女性而言，也是相當受用的一個技巧喔！尤其對稍微年長的女性，其效果特別顯著，如果遇到適合使用的情況，請務必要使用這個必殺技來試試看。

在這裡我們所要學習的是，開門見山地使用「自我釋懷」的「悲情故事」技巧。

當我尚處於初學者階段時，某位媽媽桑為了讓我學會如何有效地在客人心中留下好印象，因而傳授給我三個技巧。

第一，絕對不可以讓客人對妳說出「好厲害」這句話。

第二，請儘可能把自己的故事描述的愈悲慘愈好。

第三，悲情故事敘述完畢，在客人已經有狀似觸動心弦的情況出現後，就要進一步繼續編織「為求一口氣擊沈客人的同情心，並博得對方聲援的小悲情故事」。

第一的「絕對不可以讓客人對妳說出『好厲害』」這句話的理由，很容易瞭解。這就是在提醒我們不要變成在第四章中所提到的NG三天后中那位「處心積慮想獲得讚美的拚命天后」。

在這一個小節裡，我們要善用媽媽桑的人生智慧，也就是要使用第二個和第三個技巧來一口氣滿足「承認・支配・優越」的慾望。

不管水希轉到哪一家店，通常大部分的女公關都有屬於自己的「悲情故事」。在這些人當中，真的有那種過著極為悲慘生活的女公關，當然，也有那種很努力編織悲情故事的女公關。

不管是哪一種，只要一旦擁有了「悲情故事」，和客人的關係就很容易會跳過愛情，而直接昇華成親人關係。

二人之間從第一章開始便紮實奠下的信賴關係，在步入這個階段後，客人本身便會開始出現變化。在客人心中會大量湧現「水希究竟是怎麼樣的一個女孩呢」這類純粹的關心。

然而，有90％的客人都會對「為什麼妳會成為女公關」及「白天有沒有從事別的工作」這兩件事情有疑問。

從這裡開始就是勝負的關鍵了。終於，客人開始對我們本身感到有興趣了，而在這個瞬間，也是客人打從心底真的想要聊聊與我們有關的事情的瞬間。該怎麼樣才能在客人心中留下深刻的印象呢？在這裡我們就要借助「悲情故事」這個技巧。

故事的版本有千萬種，我們只就其中一小部分來進行介紹。

「我是單親家庭，母親現在已經上了年紀，很多事情都無法自理。母親除了我之外，沒有其他人可以依靠，我也不可能放母親一個人住。我必須負擔母親的生活開銷，所以得賺足兩人份的生活費才行。如果只靠白天公司的死薪水根本應付不過來，於是才會來酒店兼差。」

「我和父母親之間的關係不好，高中的時候還可以忍耐，但現在已經到了極限。於是，我便隻身離家來到東京。可是，我高中就讀的是地方升學班，而且朋友們個個都進了大學。最近，我也動了想要進大學的念頭，所以白天在補習班裡唸書，晚上則到酒店打工存學費。」

「我的父母親很早就過世了，整個成長過程就像個皮球似的，在親戚之間被踢來踢去，沒有人願意收留我，但總算還是讓我高中畢業了。可是，在被推來推去當成包袱的期間，真的是很痛苦辛酸……（淚），我想如果從事酒店服務業的話，就可以賺到錢，即使是一個人也可以過得下去，所以才想來試試看。」

「我剛結束一段婚姻。因為高中一畢業就結婚了，沒什麼工作經驗，所以現在也不可能有哪家公司會錄用我，因此就抱著試試看的想法進了酒店服務業。」

「未來，我想成為一位爵士歌手。現在每個禮拜我會在Ｌｉｖｅ Ｈｏｕｓｅ駐唱一天，但這樣的薪水無法餬口，所以就來酒店打工了。」

「我將來想要擁有一家自己的指甲彩繪店。因此，為了存開店資金及支付現在上課的學費，才開始了酒店的打工。」

各位認為上面所出現過的這些具體實例，可以完美滿足男性對女性的「承認・支配・優越」慾望嗎？

因為所談及的都是相當私密的事情，所以在對方的心中就會有這樣的想法：「是我被她信任（承認）了，所以她才會告訴我這些的吧！O——K——！看來我得讓這個女孩接下來過得順利一點（優越感），我就來給她一點什麼好建議好了（支配）。」

而忍不住心動。

這個「悲情故事的技巧」，對於刺激對方的某一面也具有同樣神奇的效果。

事實上，和他人一旦變得較為親密的時候，我們是會有所感覺的。說得正確一點，是會產生六種感覺，在這樣的情況下，我們所得到的就是下面這樣一個感覺。

在傾聽他人弱點或隱私的期間，傾聽者的腦中會因此而產生「對他人而言，自己是個相當重要的存在；相對地，傾聽者本身也會對說話者萌生欲使其安定、安心的責任感，以藉此增加『自我重要感』」的想法。

如果是在一般情況下，在同為年紀較輕的朋友中，可以將成為可愛的人為目標來使用也很不錯。平常說一是一，說二是二的人，可以試著向他人稍微示弱一下，看看會出現什麼有趣的情況。

例如，「大家都說我是個完美主義者，可是，我在家裡就成了廢材，什麼事都做不來。離開工作後，整個靈魂就像被抽空了似的，簡直有如空殼。就連一項興趣都沒有耶～」平常總是說一不二、紀律如山，貌似嚴肅的人，在向妳說出了這樣一番話之後，難道妳的心不會為此翻騰不已嗎？

「像他這樣事事要求盡善盡美、無可挑剔的完美主義者，居然會向我傾吐自己的缺點示弱（承認）。O——K——！反正，我擅長做家事，興趣也有一大堆（優越），我就來試著想想看可以給他點什麼好建議好了（支配）。」

讓對方產生想要伸出援手等想法的技巧也是必要的。

順帶一提，我的悲情故事是從「一開始」就昭告世人了。

所以也獲得了客人、媽媽桑、店長、工作人員與女公關之間的聲援與協助。事實上，能夠獲得他人協助的人，在某處也有妳想要協助的人。協助與獲助兩者所構成的關係，是非常美好的。

輕鬆轉化牢騷或不滿——變換正面思考的說話術

最近，讓我感受最深切的一件事情就是，不管是白天所從事的心理諮商也好，或者是身為晚上酒店服務業的女公關也好，這兩個工作在本質上算起來應該都是同一種職業吧！

在一本叫做《心理諮商革命》（下園壯太著，日本評論社出版發行）的書裡頭，針對了「在被上司盯上的時候應該採取怎麼樣的行動？」這個主題記述了相當有趣的內容。讓我在這裡也引用一小段。

那麼，到底大家想從小酒店的媽媽桑和燒烤店的老闆那裡冀求什麼？「就是裝笨，一言不發傻傻的聽著就好」。在同僚之間，只要一說了謊就很容易被拆穿，可是，酒店的媽媽桑卻會一面附和我的話，一面安慰我：「是這樣啊！小正你也真是辛苦呢！」來替我加油打氣。在小酒店裡，我所飾演的是委屈不被理解的角色，明明自己是那麼的努力，上司卻一點都沒有察覺到……，這個故事當然是從我的角度出發（我的版本），可以毫無忌憚地想說什麼就說什麼。

在這樣的情況下，稍微脫離事實也無妨，就算三不五時說點無傷大雅的小謊，也只是為了獲得對方的同情或安慰罷了！除此之外，對方不僅會認真地聽我開講，更會把我視為主角，因而能從對方哪裡尋求到「受到重視的態度」。

文中所提到的手法，完完全全就是我們在第四章中所學過的技巧！這家小酒店的媽媽桑，不管在態度上也好，言詞上也好，都詳實地將「我很重視你喔」這樣的訊息傳達到了對方心中。

因為從第五章開始是高級進階篇，所以接下來我們所要介紹的是，在送出「我很重視你喔」這樣的訊息之後，該如何採取更進一步的技巧，才會受到歡迎呢？

在學會了心理治療師的技巧後，接著我們要提升受人喜愛的程度。說得具體一點，就是要學會讓自覺愚笨或自卑的人恢復元氣的技巧。

就像前面第三章中所提到的一樣，不只是要「讚美」、「安慰」對方，而是要進一步地將對方的缺點轉變為優點，並且引出對方不為人知的潛在能力的技巧。

所有的事物都具有表象與真實一體兩面的特性。有光明的一面，就會有黑暗的一面；有善，就會有惡；有成功，就會有失敗；有健康，就會有疾病；有戰爭，就會有和平等等，如果真要一一舉例，可能會沒完沒了！端看同一個人的性格，只要看的角度或方式不同，長處有可能就會變成短處；想當然爾，短處也有可能會變成長處。

我們舉個例子來說明一下好了。下面是水希和某個社長（客人）的會話實例，請大家參考參考。

客人：「部長既〇〇又××，真的是辦事不力！還有啊，這個部長底下的課長也是同一個德性，明明差個一釐米，商品就會成為瑕疵不良品，該注意卻沒有注意到，一點都不謹慎。連帶頭的部長和課長都這副德性了，底下的員工也一定會跟著馬虎了事！他以為差個一釐米會替公司帶來多少損失？三百萬耶！三百萬！真是叫人不敢置信～（接下來，砲火繼續猛攻公司員工的不是之處）」

水希：「K先生對人的觀察真是細微入裡呢！通常公司只要一變得像K先生的公司這麼具規模後，就絕對不可能連公司員工的個性都看得這麼一清二楚。不過，我想其他公司的社長就算可以把部長這一班人掌握得很好，也不見得能夠全部瞭若指掌。K先生真的是能力過人呢！只要好好發揮觀察的絕佳實力，想必一定能替公司帶來更大的收益呢！」

客人：「是這樣嘛！從來沒見過這麼惡劣的情況，會不會因此而太嚴厲了一點？」

水希：「如果擔心會這樣，那不妨就當作是試驗一次也好。接下來只要將焦點鎖定在那位部長是否會替公司帶來其它貢獻上面，先觀察一段時間看看。」

客人：「那傢伙會有什麼貢獻啦！」

水希：「您就先試試看嘛～先觀察他們每一個人各自的長處，然後再進行適當地部署，根據情況考慮是否要調動職位，這對公司運作來說，未嘗不是一件好事啊！」

客人：「妳說得沒錯！要不要就這樣放手一試呢？」

在這種情況下，通常只要聽到客人一一數落自家員工是如何的無能，光這樣長篇大論的抱怨，聽起來就會讓人感到異常疲倦。因此，針對該如何將對方的抱怨內容扭轉成為長處這點來思考，除了誇讚對方具有「銳利的觀察眼」之外，別無它法。

因為在當事人心裡，也會因為自己不斷出言抱怨而自覺難堪，所以這時，如果可以由我們主動將對方的尷尬扭轉為長處，對方也會因此而感到鬆了一口氣。當然，我們更可以藉此向對方展現自己有很仔細在聽他說話、替他擔心，並試圖為他尋求解決問題的方式。這是一個使用對方缺點，來引發新的可能性的技巧。

聽說後來這個客人真的接受並嘗試了水希的建議，進行了人事上的調動，而公司的收益也因此而比上一個月增加了20％。

其它還有像是這樣的例子：

客人：「這一次，公司即將開始新事業。可是我總覺得做起事來都不怎麼來勁，該怎麼說呢？似乎浮出檯面的淨是些不安的因素。」

水希：「都是哪些不安的因素呢？」

客人：「○○、××、△△及◇◇」

水希：「不安因素的量還真是驚人啊！但既然可以挖出這些不安的因素，相對地，不也就代表可以找出成功的要因嗎？」

客人：「成功的要因？那種東西連一個鬼影都看不到哦！我到底是著了什麼魔？會脫口說出OK答應呢？」

水希：「與其被這樣的不安狠狠抓住，還不如把這巨大的不安轉化成思考的力量，改做其它思考。」

客人：「嗯～、取代不安的其它想法嗎？」

水希：「對！取代不安的其它想法。」

客人：「當然！我也曾經針對該怎麼讓這個新事業上軌道及成功做了多方的思考呢！啊～啊！對了！這麼說起來，我只要將焦點放在該怎麼讓新事業成功上面就可以了！」

水希：「是啊！對不安的焦慮到此為止就可以了（笑）。」

在這個例子中，出現的是一位太過專注在負面想法上，而導致滿腦子都被失敗的可能性給佔據了的社長。

在談話中，憂心忡忡的社長說出了許多不安的因素，所以，我便試著反過來思考，對方所評估的都是有關於損益的部分，那麼，既然可以將損害的部分分析得這麼鞭辟入裡，就一定也可以將利益的部分分析得入木三分。

不久之後，當我再詢問社長新事業的結果如何時，據說，目前的狀況似乎是利益多過於損失。

當對方開始抱怨，或者是一味往負面想法去想時，請努力傾聽對方的談話內容，並從中尋找出可以用來扭轉對方想法的重點。所有的事物都具有表象與真實這樣一體兩面的特性。只要試著協助對方扭轉想法，對方便可以察覺到自己新的可能性，而變得幸福。

只要一聽到負面的談話，就要試著思考該如何來扭轉這樣的談話情況。直到情況扭轉前，請讓正面思考不斷地在妳腦中往復盤旋。

輕鬆轉化牢騷或不滿——變換積極思考的說話術

在前面第三章中我們曾經學過對話三要素。各位還記得他人的談話是由經驗・行動・感情所構成的嗎？

在這一個小節裡，我們將從不同的角度來學習將談話內容做分類的技巧。依照話題內容的不同，大致上可分成快樂的話題；不平・不滿・說人是非・道人長短・磋商等內容；工作・戀愛的話題等等。

當談論內容屬於快樂系話題時，因為不會有痛苦，所以可以使用前面四章所學到的技巧，來炒熱彼此之間的對話氣氛。可是，當談話中出現了不平・不滿・說人是非・道人長短等消極內容時，如果自己本身不試圖努力扭轉對話方向，一路聽下來就只會徒增疲勞。

在前幾頁，那位狀似杞人憂天社長的談話，因為是從自己毫無能力的負面思考來展開對話的，所以如何將社長的消極想法扭轉為積極想法是很重要的。

在這裡，我們要進一步練習的是，「奇蹟問題」這個神奇絕技。

人在煩惱時，滿腦子就只會想著「如果煩惱可以就此消失無蹤，那將會是多麼輕鬆愉快啊」。在過去或當下，我們所注重的都是釀成問題的事情。因為只要一解決了釀成問題的事件後，我們就可以步向解決問題後的未來。

只要一有「如果煩惱可以就此消失無蹤就好了」這樣的想法，無論到什麼時候，問題都是無法解決，也只會令人裹足不前。想像一下煩惱消失之後，自己會有哪些行動呢？而在問題解決後，與周圍的關係又會有怎麼樣的轉變呢？這麼一來，就可以看出不斷在煩惱的現在與解決問題後的未來理想圖像間的差距。換句話說，某人為了解決煩惱而採取的行動，就是用來掩埋不斷在煩惱的現在與解決後的未來理想圖像之間兩者差距的行動。

在前面，我曾經引用了下園壯太先生書裡頭的一小段內容。那位酒客之所以不斷地對小酒店的媽媽桑口吐抱怨，其用意就在於希望媽媽桑可以認真聽他吐苦水，並且重視自己的事情。好不容易才踏進了高級進階篇，讓我們一起朝著既能珍視客人，又能協助客人解決煩惱的不凡女性這個目標前進吧！

在這裡，我們一起來看看水希是怎麼使用這個技巧的。

平常總是和上司一起來到店裡消費的客人，某天很罕見的一個人來到了店裡。我一邊覺得很不可思議，一邊在客人那桌坐下。話沒聊幾句，果然就如同我所想像的一樣，這位客人正面臨著天大的苦惱，並為此而深陷於煩惱的惡性循環中。

客人①「我啊！總是因為同一件事情被上司叮得滿頭包呢！今天，又被斥責說我太軟弱。明明只要再多忍耐一下，就海闊天空了，卻因為太過憂慮而焦躁不安，結果到最後就什麼都做不出來。說什麼『接下來的狀況會比前面更難判斷，像你這樣神經太細的人可能會承受不了哦！』然後，又被叮囑了要鍛鍊得強悍些。自從我入社以來，不知道被這樣說過幾百次了，而我也為了克服這個弱點不知下過了多少功夫，吃過了多少苦頭。這一次，被上司這麼一說，我突然有了可能會被開除的感覺。我想水希小姐深受我上司的信賴，不知道水希小姐是不是有從我上司那邊聽說過什麼呢？這就是我今天來見水希小姐的主要目的。」

水希①「這樣啊！這次是攸關去留的生死問題了啊！」

客人②「沒錯！所以我也打算豁出去了！只是，要想擁有上司口中那種強韌的精神力，對我來說還是困難了點。雖然老是被上司耳提面命說要多加注意，但事實上，我也不是全無努力地坐以待斃啊！」

水希②「這些時間你都做了哪些嘗試或改變呢？」

客人③「首先，為了想讓自己更強韌些，我看了心理學的相關書籍。」

水希③「一開始就先看了書？接著呢？」（滿懷著興奮期待）

客人④「一一觀摩上司工作的方式或周遭同事的作法，並開口尋求他們的意見。其它就是土法煉鋼，要自己不要焦急、堅持到底再加把勁，就這樣一路替自己加油打氣。」

水希④「閱讀了心理學書籍，觀察了前輩們的作法，在潛意識裡要自己『堅持到底』，真是做了相當多的努力與改善呢！」

客人⑤「對！可是，目前卻一步也踏不出去，根本什麼都沒有改變，所以才被告知了可能會遭到開除的命運。到底我該怎麼做才好呢？」

水希⑤「感覺上你正身處於迷宮之中，找不到出口。雖然可能很唐突，但是我可以問一個比較奇怪的問題嗎？」

客人⑥「可以啊！奇怪的問題？是什麼？」

水希⑥「真的很奇怪哦！我要問的這個問題就是啊，你今天晚上回到家之後，當然會睡覺對吧！接著呢，一覺起來之後，就會有奇蹟發生哦！那個奇蹟就是，今天

N先生你和我曾經討論過的所有煩惱都煙消雲散了的奇蹟。但是很遺憾地，因為是在N先生睡眠期間所發生的奇蹟，因此，N先生並不會知道奇蹟曾經發生過。那麼，第二天一大早睡醒之後，你認為要怎麼樣才會知道奇蹟曾經發生過呢？」

客人⑦「咦？問題就這樣神不知鬼不覺地迎刃而解了，對嗎？」

水希⑦「沒錯！發生了問題完全解決了的奇蹟。這麼一來，你一定可以感覺到有哪裡出現了不同的變化。」

客人⑧「首先，在起床的瞬間，因為在腦中纏鬥已久的煩惱終於獲得了解決，所以會有頭整個變輕了的感覺。」

水希⑧「光憑頭部的感覺，你就確信發生過奇蹟了嗎？」

客人⑨「嗯～。被妳這麼一說，我一點自信都沒了……。或許在感覺到奇蹟發生的瞬間，心情會意外的平靜安穩吧！因為我平常老是焦躁不安、心神不定的。」

水希⑨「是從哪個地方讓你感覺到了平靜安穩呢？」

客人⑩「咦？從哪裡感覺到啊？嗯～、大概就是頭部後方到胸口這一帶吧！」

水希⑩「只要頭部後方到到胸口這一帶感覺到平靜安穩，N先生就會覺得奇蹟發生過了，而且還因此而變強韌了，對嗎？」

客人⑪「嗯！沒錯！就是這樣！平常只要很順遂的話，我的心情就會自然而然地感覺到平靜安穩。這麼說來，或許我可以將頭部後方及胸口一感覺到平靜安穩的狀況，用來說服自己平靜安穩下來。」

水希⑪「從明天開始，請你務必試試看。每當你感到自己工作順利的時候，或許也不妨多多觀察一下自己或周遭的事物是否也跟著有了改變會比較好哦！」

客人⑫「我終於瞭解為什麼上司會這麼勤快地來水希小姐這裡報到了。謝謝妳！」

現在，我立刻來為各位解釋上述的對話內容。

在②③④的對話中，水希使用了「生存問題」向對方展現純粹的關心，因而獲得了N先生報以自己本身狀況說明的回應。請不要忘記站在N先生的立場去體諒N先生到目前為止做過了多少努力，也不要忘了適時插入感同身受的安慰話語。

在使用了⑤來確認對方的現狀已陷入僵局，並且看不到未來之後，便是到了「奇蹟問題」該出場的時刻了。

利用奇蹟問題，一腳踹飛疑難雜症，直接順利飛向未來。

只要能想像得出問題解決後的未來圖像，就可以發現想像與現實兩者間的差距。從N先生的情況來看，我們可以發現到，N先生是屬於那種只要不焦急、能夠平靜安穩下來，工作就會順利的典型。

實際上，各位認為N先生後來的情況如何呢？

注意讓自己維持「平靜安穩」的狀態，只要一感到焦慮就會利用深呼吸來調整自己情緒的N先生。據說在採取了這樣的行動後，不可思議地，工作不僅上了軌道，而且也愈來愈順利了。同時再也沒有聽到上司要他多注意自己的缺點了。

這個奇蹟問題因為以未來作為焦點，所以很容易自由發揮想像。與其因為煩惱讓想法不知變通，倒不如在自由想像讓頭腦軟化知變通時，發想出令人意想不到的戲劇化提問，反而更能夠解決問題。

只是，並不是每一個人都可以像N先生一樣，立刻讓思緒奔騰驅向未來。在這種時候，請不要忘了出口安慰對方，像是說：「這還真是高難度的問題對吧！」或者是說：「發生奇蹟了唷！」試著讓彼此間的對話氣氛熱絡起來。

一般而言，這個技巧的難度確實有點高，所以，請各位依照下面的方式來使用。

「如果說你的煩惱都解決了，你認為自己每天都會過著怎麼樣的日子？」

「如果乘坐著時光機器去到十年後，要你開口建議十年前（也就是現在的自己）的自己，你會對自己說什麼呢？」

在傾聽對方訴說自己目前的不滿或憂心的事情到某一個程度之後，請突然地脫口發問，利用問題將對方帶進未來。「突然地」是整個行動的重點。

如果利用會話的力量將對方帶往未來，雖然彼此間的對話氣氛應該會變愉快，但是如果把消極的人帶往未來，情況通常不會有所改變，消極的個性並不會因此而變得積極。結果這一段未來的對話也會變成消極的對話，反而會造成反效果。

可是，這個奇蹟問題的技巧因為非常唐突，而發問的問題通常屬於稍微脫離現實的問題，所以，能夠一舉摧毀對方消極的基調。

只要瞭解了理想的未來圖像，剩下的就只需要將當下兩者間所出現的差距填補起來，如此，問題就能迎刃而解了。人類是只要有了解決的希望，就會湧現力量的動物。我在心理治療室的現場，有好幾次都利用了這個技巧讓諮商者取回了平靜，也親眼目睹他們在從容思考後，湧現了勇氣與力量，並採取行動努力往前的姿態。

這個奇蹟問題的技巧真的可以讓彼此間的對話氣氛變愉快，請各位務必多方靈活運用。

對好女人而言，絕對不會有搞不定的棘手對象

從第一章開始到第五章的第一小節，我們學習了各種溝通的技巧。

接下來的課題就是，該怎麼與棘手或稍微感到討厭（帶有負面情感）等類型的人來進行溝通並取得共識。

儘管好不容易利用點頭附和的方式，製造出了彼此對話的節奏，但對方卻像是看穿了我們的意圖似的，對話題毫無反應，一點都不來勁。基本上，這一類型的人通常比較沈默，說的和做的事情也都比較具批判性。就是那種怎麼樣都合不來，光是要和他溝通都覺得痛苦的人，各位的身邊一定也有這類型人存在吧？

對於這種難纏的人，我們要利用下面四個法則，來將他們一一馴服！

1 將你最喜歡的人的影像重疊在對方身上

2 找出對方加分的地方

3 請教對方

4 活用沈默之術

1 將最喜歡的人的影像重疊在對方身上

這是最典型的手法，也是效果最佳的技巧。根據我自己的情況，只要一遇到麻煩人物，我就會將他們與休・葛蘭或高橋克典的影像重疊在一起。

心裡只要想著「我正在和休・葛蘭（或者是高橋克典）聊天呢」，自然而然地，也就能笑瞇瞇地面對這些討人厭的傢伙了。無論如何，絕對不要去注意對方討人厭的地方，只能將焦點放在對方好的部分，這麼一來，就連之前讓你感到麻煩、不愉快的地方，也都能處之泰然，而能和對方相處愉快了。

在我上班的第一家俱樂部，那裡的媽媽桑曾經傳授我這樣的待客秘訣「面帶微笑、內心哭泣，一面把客人的臉想成一張張的福澤諭吉*，一面將各種類型的客人手到擒來」。

就像那位媽媽桑說的，在短時間內，這個「〇張諭吉」策略的確收到了不錯的效果，但是時間一久，這個方法就會漸漸失靈。

*註：代指鈔票。因其肖像被印在日本萬元紙鈔上。

那是因為隱藏在心底的「〇張諭吉」的想法，久而久之就會傳達給對方。就像我們曾經在第四章中所舉過的那個例子一樣，一不小心我們的行為舉止就會將「每一位女公關都認為接待上門來的客人是應有的禮貌」這樣真正的想法，化為弦外之音傳達給對方。

相對地，讓對方與自己喜歡的人的影像重疊在一起再接待，就可以將「我對你感到興趣，我想把你當作重要的人來對待」這樣的弦外之音傳達給對方，而讓接下來的對話能夠順利進行。

在唸過心理學，知道了這個方法後，水希便成了全能的操控者（Almighty Player）。

因為對方是自己最喜歡的人，所以就能積極且不勉強又極其愉快地傾聽對方說話，表情或聲調也會有明顯的變化。那位鼎鼎有名的歌德*曾經說過這麼一段話：

「如果以貌取人，在現實生活中就容易發生對他人評價過高的問題。可是，只要把對方視為像理想中一樣完美，並抱持著敬意與對方接觸，對方的人格便會因此而趨近於理想人格。」

正如同歌德所說的，只要將討厭的人與自己喜歡的人的影像重疊在一起，理所當然地，談話便能夠順利進行。

②找出對方加分的地方

這個技巧與前面所提到的「變換正面思考的說話術」互有銜接。在傾聽對方談話時，「雖然總覺得這個人很難搞，但剛剛還是講出了比較像人話的東西嘛。」要一直像這樣試著找出對方的優點。

在找出對方的優點後，就要將話題焦點對準那個優點，藉此來擴展對話的廣度，並加深彼此對話的深度。

在第一次見面的眾多客人中，我曾遇到過那種不管妳說什麼，他都習慣用「並不是這麼一回事～」、「換句話說，簡而言之～」、「這麼說妳可能不懂」這種一味使用批判式口吻來進行對話的客人。

真的是不管妳說什麼，他都回覆以「NO」的答案。而且在「簡而言之」之後，硬是將我歸納整理後的結論照著說一遍，原封不動地還給我。

*註：德國著名詩人，歐洲啟蒙運動後期最偉大的作家，也是世界文學史上最傑出的作家之一。

突然間，我靈光一閃，心想該不會是這位客人有用「簡而言之」、「並不是這麼一回事～」來取代「正是如此啊」的怪癖吧！

我察覺到了這位客人並不是討厭水希，當然也不是希望透過對話來引爆彼此激烈的爭論。

事實上，到目前為止，這位客人和水希往來已經有好幾年了。讓對方心情很好地說「NO」，也是對付麻煩人物的攻略方式之一。

和第一章中所提到的「YES」套組相反，讓「NO」套組的對話稍微再持續進行一段時間也無妨。即使對方開口說了「NO」，也不要將這個否定的訊息視為是對方對自己的批判，只要把這個「NO」當成是對方開口說話時不可或缺的發語詞，就是忍耐「NO」這個套組的訣竅了。

利用「NO」套組來進行對話，等經過了一段時間後，就可以順利將「這個女孩，真的是很瞭解我呢」這樣的訊息傳達給對方。果不其然，不久之後，客人開始聊起了兒子的事或是最近才剛看過的電影之類的話題，沈悶不快的對話內容也因此轉變成了快樂的對話內容。

老被說「NO」拒絕，心情難免不愉快，但因為說NO的當事人心情會舒坦，所以，請勉為其難地暫時配合一下，陪對方跳完這支由對方所選擇的舞碼。

③ 請教對方

這個技巧對沈默寡言及能言善道的典型，都能收到立竿見影的好效果。

例如，會話的內容涉及「金融」話題，當發言者告一段落並問及：「水希美眉，到這裡妳都懂了嗎？」的時候。因為對金融一竅不通，滿腦子都是問號，所以就算是水希也是鴨子聽雷，有聽沒有懂。

像這種時候，就應該立刻回答：「對不起！因為我不夠用功，所以一時半刻還無法立刻瞭解。」

接著，就要先請教說話者話題內容的大綱。其次，要懷著請益的心情請對方說明出現在談話中的專業術語或組織。

就如同我們在第一章中所說明的一樣，懷著請教的心情，傾聽對方說話，就能將對話持續進行下去。這麼一來，就可以將「我對你有濃厚的興趣」這個弦外之音傳達給對方了。

在使用這個技巧時，要採取我們在第四章中所耳提面命的——身體姿勢要往前傾，頭要用力點，不要忘記要讓對方感受到「你的談話很風趣，讓我感到很有興趣」。

這麼一來，對於對方的心情妳就可以聊若指掌。畢竟，妳已經滿足了對方「優越」的慾望啊！

就算是沈默寡言的人，只要向對方請教他所擅長的領域，自然而然地，對方開口的次數也會相對增加。這跟第一章裡頭所談到的，要替客人規劃出一段專屬於他們的「演講時間」的原理是相同的。

④活用沈默之術

為了抓住談話的頭緒，便向沈默寡言的客人問了：「〇〇先生，您今天是在什麼因緣下來到這家店的呢？」這樣的問題，結果客人卻以一句「碰巧啦！」打發我，草草結束對話。

像這種時候，就要刻意使用沈默之術。

在學習如何成為一位心理治療師的時候，學校是這樣教我們的，「心理治療師在對方開口侃侃而談之前，不管要等多久都必須靜待對方先主動開口」。在河合隼雄*先生的大作中也提到了相同的經驗。河合隼雄先生好像也曾經碰過在整整五十分鐘的面談期間內，始終一言不發直到面談時間結束的客戶。

利用眼神擷取暗示來觀察這些沈默寡言的人，我們可以發現這些人的眼神大多會看往右下方。這些人是屬於需要仔細思考後才會開口說話的類型。丟出話題後，給對方思考的時間，在對方開口說話之前，不要繼續丟出第二個問題，要靜待對方的回應。

現場一片沈默固然叫人不安，但為了不冷場而連珠砲似地用問題猛攻對方反而會收到反效果，對方也會因為自己的不擅言詞而承受到相當的壓力。在對方以某種形式開口之前，請耐住性子多等一下。

只是，真的也有沈默寡言的人在等了五分鐘之後仍沒有任何進展，此時就必須使用眼前的東西，來當作話題，而主導話題的當然是妳自己。沈默的判斷基準大約是五分鐘，通常對方會因為無法忍受現場沈默所帶來的沈重壓力而選擇開口。二個人待在一起什麼話都不說的情況大多維持不了五分鐘，所以請不用太擔心。

麻煩人物一旦減少後，世界就會跟著變寬廣。與他人相遇是很快樂的事，所以請務必要多多使用前面所介紹的四個技巧，讓令妳大感棘手的麻煩人物一一消失。

*註：1928年生於兵庫縣。臨床心理學者、心理治療師。京都大學理學院數學系畢業。京都大學教育學博士。京都大學名譽教授。

不動聲色地照顧與體貼，緊抓住對方的心！

因為是會話篇的續篇，所以最後我們要進入的是行為舉止及態度的高級進階篇。沒錯！接下來要談的就是與關懷體貼有關的內容。身為一個關懷體貼達人，當然是要在對方沒有察覺到的情況下，來關懷體貼對方。

例如，當客人杯子裡的摻水威士忌只剩下三分之一的時候，這時就是動手調酒的絕佳時機。

可是，客人卻一邊緊握著手中的玻璃杯，一邊正講到興頭而欲罷不能。因為講得太過投入，還用手緊緊握住了玻璃杯，所以客人只能就這樣喝著手中僅剩不多的摻水威士忌。在這種情況下，不僅會讓客人感到「不足」，也可能會中斷客人的談話而壞了客人說話的興致。

誤以為此刻不展現關懷與體貼更待何時的女公關，可能會一把搶下客人手中緊握的杯子。這個時候，大部分的客人原本還沈醉在剛剛的談話之中，卻會因為這樣粗暴的舉動而嚇一跳，因而不得不中斷話題，改向搶下自己杯子的女公關道謝。這種舉動絕對稱不上體貼，而是犯了NG三天后當中那位「處心積慮想獲得讚美的拚命天后」的錯誤。

女公關的工作就是要善體人意、眼觀八方。自己的服務可以清楚地讓旁人察覺得到的女公關絕對稱不上一流。一流的女公關，儘管客人聊得再怎麼起勁，也可以抓住客人把手中的杯子放下的那一瞬間，然後手腳俐落地拿起杯子，倒入早就調好的摻水威士忌，再像沒事般將杯子放回客人的杯墊上。

雖然客人並不會當場對妳說「謝謝」，但是像這樣連續好幾次抓準時機倒入摻水威士忌，就能讓客人感覺到「這個女孩很仔細地在注意著我的事情呢」。

正因為這樣的細心與體貼，每一次臨桌都輸在眾女公關所施展的各種角力上，而無法插上任何一句話的我，到了下一次客人再度來店消費的時候，也會主動點名「水希美眉妳也一起過來啊」。

在日常生活中，一定也有這樣的人存在吧！像是在聯誼或聚會的場合，靜靜地一句話都不說，默默地替人倒酒，乖乖替人挾菜，施展體貼細心攻勢的人。這種像是在諷刺其他人的舉動，會不自覺地落入NG三天后的行為模式，還是儘早改掉比較好。

相反地，如果在座有人的酒杯空了，從加點到酒被端過來的這段時間內，是給對方考慮的時機，這個時候，妳只要快速地遞過飲料單給對方，開口問一聲：「接下來喝什麼好呢？」這麼一來，就能高明地展現自己的體貼與細心了。

在派對這一類的場合當中，如果有人手上的酒杯幾乎快空了，只要開口問一聲：「要不要我幫你再拿杯飲料呢？」就可以了。另外，還可藉此製造對話的契機呢！

水希曾在某場派對裡頭見過大江健三郎先生。大江健三郎先生幾乎不曾出現在派對上或銀座這一類的場合裡。只是，水希曾經從編輯圈的人那裡聽過大江健三郎先生因為討厭女公關，而不願意和女公關說話，並且是個極為難搞的大人物這樣的傳聞。

可是，身為大江健三郎先生的死忠書迷，水希心想，至少跟大江健三郎先生握個手也好。在距離水希不遠的地方，大江健三郎先生正喝著某種酒，在仔細觀察過酒杯之後，我發現大江健三郎先生喝的原來是「金湯尼」。而剛好大江健三郎先生酒杯裡頭的酒就快要喝光了。於是，我見機不可失，便趕緊走向吧檯點了一杯金湯尼，然後再快速走回大江健三郎先生那裡。

回到現場時，大江健三郎先生酒杯裡頭的酒比剛剛減少了許多，正是換一杯新酒的大好時機。於是，我鼓起了勇氣，

「老師，要不要再來一杯金湯尼呢？」

向大江健三郎先生開口試探。老師也隨即抱以笑臉，回答我說

「剛剛好，我的酒也快喝完了！真是謝謝妳呢！」

我當然不可能放過這個千載難逢的大好機會，便硬著頭皮擠出我所有的勇氣說：

「老師，我非常喜歡您的作品。我將母親珍藏的每一本大作，都偷偷看完了。如果可以的話，還請老師跟我握個手。」

我在責任編輯擔憂的白眼下，膽顫心驚的開口請求。話才說完，大江健三郎先生便一邊笑著說「謝謝妳」，一邊和我握了手。那一天成了我畢生難忘的日子。

如果是在聯誼這一類場合，只要將心思放在自己喜歡的人身上，適時地送上食物或飲料，便可以在對方心裡留下好印象喔！

關懷體貼的基本在於：

1. 對方覺得不夠的東西是什麼？
2. 對方目前最想要的東西是什麼？

只要仔細注意觀察這兩個重點，一旦察覺到了，就要立刻採取行動。

例如，遇到下雨的日子，當發現來到約定地點的朋友或男友的外套被雨水濺濕時，就要趕緊掏出手帕將上面的雨水撢掉，像這樣子的小動作不僅會讓對方覺得妳是個相當懂事的女孩，還會為此而大受感動唷！

「這才是專業敬業的女公關啊！」以前，我曾經被客人如是極力讚美過。那次的情形是這樣的。

有兩位好久沒到酒店消費的客人來到店裡。當他們和店裡頭的資深女公關聊得正起勁時，我看了一下客人的酒杯，發現應該要倒酒了。因為也不方便插話，所以我便擅自拿起了酒杯，當我正準備動手調摻水威士忌時，那位客人剛好拿起煙來要抽。

於是，我馬上放下手邊的酒杯，改拿起火柴替客人點煙。接著，再繼續動手調酒，然後將酒杯擺回客人的杯墊上。

聽那位客人說，最近的女公關似乎都做不到眼觀四面，耳聽八方，頂多只能專注在某一個面向上。調摻水威士忌的時候，就只顧著調摻水威士忌。幫客人點煙時，便只顧著幫客人點煙。可是就在這位客人對女公關已經不抱任何希望的當下，在這敏感的絕佳時機裡，我卻讓他享受到了前所未有的服務，令他感到相當開心。

於是，這一桌的新客人，自然也就成了水希日後的常客。

因為水希在書裡所舉的例子都大多偏向酒店服務業，所以，接下來水希也要舉幾個在日常生活中可以如法炮製的體貼舉動。

●在地形高度不一的情況下，一邊開口說：「這裡高度不一，走的時候請多留意喔」，一邊將手擺在對方的腰間，扶著對方走到安全的地方。

●進電梯時，在說完「不好意思！我先進電梯」後，第一個走進電梯，然後用手按著「開」鍵，避免門開開關關。用右手按著「開」鍵，左手則壓著電梯門，禮貌地詢問進電梯的人「請問要到幾樓？」然後再按下樓層鍵。出電梯的時候，動作則要相反，等所有人先出完電梯後，自己最後再步出電梯。

●當對方替自己做了什麼、為自己說了什麼的時候，回以「謝謝」來取代「對不起」，用「謝謝」來接受對方所展現的好意。利用「謝謝」來代替「對不起」，讓自己成為可以接受他人好意的女性，自身的光彩魅力也會倍增。

●在餐廳等場所，在拿到一整盤濕紙巾時，要若無其事地將濕紙巾一一分給在座的每一個人。

●在和對方道別時，要目送對方離開，直到看不見對方為止。如果對方突然回過頭來，看見妳還在繼續目送他離開，甚至還向他鞠躬致意，就可以將「我是如此重視你」這樣的訊息傳達給對方。

一開始先觀察，等察覺到了什麼，就要立刻採取行動應變，這樣就夠了。如果行有餘力，那麼這一次不妨挑戰搶先在對方察覺到之前施展體貼。

酒店服務業最常上演的橋段就是，當客人一說到興奮之處，就會忍不住手舞足蹈加大動作，如此一來，打翻酒杯的機率也會相對增加。在客人說話的時候，應儘可能將酒杯移往客人手揮不到的地方。這個為了預防客人打翻酒杯，避免客人心生不快的舉動，就是所謂的搶先在對方察覺到之前施展體貼。

如果想更進一步成為體貼關懷大師，那不妨花點時間參加禮儀講座，進行多方學習。所謂的關懷與體貼，不過就是再三重複觀察→察覺→採取行動這三個步驟。記住！欲速則不達！不要焦急，讓我們一起以成為關懷體貼達人為目標吧！

第六章

利用「愛」與「情義」，變身為魅力四射的小魔女

「銀座」，用「愛（＝信賴）」構築起來的世界

從第一章到第四章，我們已經仔細針對行為舉止、態度以及言詞部分進行了討論與學習。在第五章的高級進階篇裡，我們也談到了這些部分。

接下來，我們要針對最重要的要素，也是最重要的重點，亦即成為溝通達人所必備的最後一個技巧來進行討論。

最後的要素，說得直截了當些，就是「愛」。

沒有「愛」的技巧，力量是有限的。相反地，帶有「愛」的技巧，力量才是無窮的。

「愛」雖然是極為理所當然的事，但卻很容易被遺忘，這是我從銀座所學到的真理。

「銀座是就算不用帶錢包，也可以縱情享樂的好地方。」

正如同這位有名的作家吉行淳之介*生前最喜歡的這句話一樣，每一次在店內喝完酒後，準備打道回府之前會先結清帳款的人，其實是不懂這一行規矩的。

俱樂部帳款結清的方式，從以前到現在其實多少有變化。

結清帳款的方式分為兩種，一種是現場付清，另外一種就是先簽帳，等到結帳日再付清。結清簽帳的方式，每一家店的規矩都不太一樣。但通常都是在六十天內把錢匯進酒店帳戶就可以了。

當然，因為有可能成為回收不了的呆帳，所以多少會感到不安。因此，可以簽帳的對象，就只有支付能力夠以及受到店家信賴的人。

較無支付能力的客人或新客人，一開始店裡都會若無其事的要求客人以現金支付或刷卡的方式當場結清帳款。

等到客人成了常客，支付能力或信用受到媽媽桑及女公關的認同之後，才能成為簽帳客人。

換句話說，也就是「可以簽帳＝獲得信任」。對男性而言，可以簽帳這件事無異是滿足了他們生命中最大的承認（認同）慾望。

因此，在過去據說曾經有過可以在銀座喝得起酒就等於擁有社會地位的時代呢！

*註：1942年4月13日出生於岡山市桶尾町，為日本文壇上「第三代」派的主要作家之一。

現在，比起可以在銀座喝得起酒這個象徵，還有更多有魅力又可以彰顯社會地位的東西呢！像是高級豪宅、頂級跑車、頂級名錶，若要舉例，可以說是舉都舉不完！現在的銀座俱樂部因為無法吸引年輕客群常駐，所以面臨了慘澹經營的戰國時代。

剛剛我們已經針對付款機制進行了說明。根據需要負責「營業額」與否，俱樂部的女公關可以分成以下兩種類型。一種是自行管理客人簽帳的業績公關，另一種則是毫無簽帳壓力責任的非業績公關。

在俱樂部裡，只要成為「業績公關」，就必須自行管理來店客人的帳款。實際狀態簡直可以說是向俱樂部租借了一個房間，來經營個人商店。

如果客人拖帳或不支付而形成呆帳，這筆收不回來的款項就要由「業績公關」自掏腰包轉付給俱樂部以結清客人積欠的款項。

我還在當「業績公關」時，曾經被倒了一大筆帳。當時為了想衝業績，以爬上第一名的寶座，我將某位支付能力有點危險的客人硬是變更成了簽帳客人，而這位客人也因此而三天兩頭的往店裡消費。

託這位客人的福，我那個月的業績衝上了店裡的No. 3，只是，用簽帳的方式來爬上第三名，無異是拿自己的錢來買第三名這個頭銜。結果，那位客人果然一毛錢都沒付，留下那筆龐大的呆帳後就人間蒸發了。

我所損失的金額，在整個銀座來說，雖說是小巫見大巫，但對我個人而言，卻是一個極為慘痛的教訓，直到現在想起來也都還覺得心痛。

遭受過那次失敗之後，我就變得格外小心，並且學會了要仔細觀察每一位客人。透過仔細觀察來分辨這位客人究竟值不值得信任，換句話說，就是從各個角度來檢測客人的可信度。

西裝的材質、身上的名牌、手錶、皮鞋、包包、言行舉止，一拿到對方的名片，就會針對對方的工作內容等滴水不漏地進行瞭解。

可是，在這裡希望各位不要誤會，我所謂的檢測並不是要各位懷疑對方，而是要從客人身上找出對方值得「信賴」的部分。

若是帶著「懷疑」的眼光來觀察對方，客人光從懷疑的態度就可以察覺到「妳正在懷疑我」。因此，我們要帶著「對方值得信賴的地方在哪裡？」這樣的心情來進行檢測的工作。

比較有趣的是，其實客人也會針對女公關是不是值得信任來進行檢測喔！在第一章的內容裡頭，我們曾經提到過，只要看客群，就能夠知道這位女公關的角色個性。

值得信賴，也就是擁有好客人的女公關，從同事的眼光來看，也是一位值得「信賴」的好公關。

在第三章中，R媽媽桑所說過的「身為一個人該怎麼做呢？」這番話，果然是很重要的！在第三章中我們也曾談論過「應該怎麼接待一個『人』呢？」這個主題，當時我們所得到的答案是，用讚美、認同的方式。

這一次主角換人做，輪到我們要說服對方自己是個值得信任的人了。話雖如此，但向別人展現自己是值得信賴的人這件事，也不是什麼困難的事情。只要誠心地面對眼前的客人，帶著愛來使用第一章到第四章所學過的技巧就可以了。

花個十五分鐘認真聽對方談話，只要獲得了對方的認同，對方就會以自己的角度來思考「妳是怎麼樣的一個人？」這個時候，妳就必須做些什麼來證明妳是值得對方信賴的。

像這種時候，除了剛剛所提到的「悲情故事」，還要額外再加上「夢想故事」才行。儘管處於如此悲情的狀況中，妳仍不放棄「夢想」，對於這樣努力而勇敢的妳，客人也會不知不覺地想與妳站在同一陣線聲援妳，替妳加油打氣。

這個通則並不僅只限於酒店服務業。對方之所以要問妳問題是因為，對方覺得自己的事情已經聊夠了，也該是輪到瞭解妳這個人的時候了。因此，只要能聊聊自己的夢想、展望、使命，就會讓客人感到妳是個能夠掌握自己人生方向的女孩而倍感安心。

酒店服務業是個能夠墮落至極的危險世界。在這五光十色、酒色財氣的花花世界中，還有人可以帶著夢想或展望努力工作，光只是聽都會叫人覺得擁有如此明確人生目標並堅持自己的人，是多麼能讓人信賴啊！

這麼一來，所收到的效果就跟悲情故事一樣，客人在不知不覺中就會想要聲援妳，並替妳加油打氣。和對方聊及夢想，或許就有可能在最不可思議的地方抓住實現夢想的機會。

或許我有點痴人說夢，但我真心希望「心病」可以從這個世界上絕跡。同時，也希望心理諮商的機制能夠在日本扎根。正因為在這兩個夢想的驅動下，所以我每天都在從事著心理諮商的工作。

在銀座工作的時候，我也是帶著想留存銀座這璀璨美好的文化的想法，而每天努力工作的。

在自己心中有明確目標的人，要不忘時時向客人傳達自己的目標。一般人都喜歡不會動搖的人。所以對方心中那種想要聲援妳、想要相信妳的情緒也會因此加溫而愈變愈強。

在銀座這個夜世界裡，可以親眼目睹到許多經營者的榮枯盛衰。作為根本的信念如果不夠堅持而有所動搖，這樣的經營者一定很快就會從銀座消失。現實就是這麼的殘酷！

愛就是信任。在值得信賴的人心中，擁有不可動搖的信念。不管自己也好，對方也好，只要多加留意一下彼此的信念是否有所動搖，就可以抓住並締結一段美好的邂逅喔！

銀座讓我學會「情義」的重要性

前面，我們已經聊過了銀座是一個用「愛（＝信賴）」構築起來的世界。接下來，我們要聊的是重「情義」的銀座。

在經濟如此不景氣的嚴峻情況下，與景氣息息相關的銀座也不免跟著蕭條起來。這陣子隨著景氣寒風送來的消息，不外是「客人的公司倒閉了」、「〇〇俱樂部關門大吉囉」這種盡叫人感到不寒而慄的壞消息。

在水希工作的這家俱樂部裡，也聽到了許多令人不禁想放聲大喊「咦！！」的震驚消息。

深受人信賴的人氣王Y先生的公司居然宣布破產了，而且聽說負債數字是聽了會叫人眼珠子都要飛出來的龐大金額。因為這個消息成了頭條新聞，所以大家在更衣室裡頭議論紛紛。

可是，沒有一個人出言貶低或詆毀Y先生。所有的女公關都是：「咦！！！Y先生……該不會再也見不到Y先生了吧？讓人覺得好寂寞喔！」這樣異口同聲的表示惋惜。

明明店裡還有一堆前債未清，但不論是媽媽桑還是店長，全都開口說：「以後再也見不到面了啊！真叫人感到寂寞呢！」這種話。我因為深受Y先生的寵愛，長久以來都是專門負責招待Y先生，所以，我所受到的震驚可以說是別人的好幾倍。因此「再也見不到了」這股難過的情緒幾乎淹沒了我。

還有一次，客人H先生將一屁股的債留給客人T先生遠走高飛，而受到牽連的T先生因此欠下了大筆的債務。

因為過去T先生是由我負責接待的，所以我深深的瞭解T先生是絕對不可能再來店裡消費了。也因此，我會定期傳簡訊給T先生以保持聯絡，希望能鼓勵他。

因為想要有人作伴才來酒店的客人絕對稱不上是好客人。我對「錢盡緣分盡」這種現實的作法，是相當深惡痛絕的。

還有一次，某位客人帶我到某家俱樂部消費。那家俱樂部的媽媽桑在銀座已經待了三十年，而那家俱樂部是屬於這位媽媽桑個人的。不知道為什麼，我們聊天的話題居然轉向了時下酒店業。

「這位小姐是F俱樂部的No. 1紅牌對吧！因為是妳所以我才聊起這個話題喔！銀

座啊！是充滿『情義』的一條街道呢！對客人的情義，及對所有在銀座工作人員的情義。就是因為有這份『情義』，銀座才能屹立不搖。現在的女孩也好，客人也好，重視情義的人愈來愈少了，真是讓人感到寂寞呢！」

時下小學生未來最想從事行業排行榜的第三名是「酒店小姐（酒孃）」，現在就是這種時代。這些小學生想的都是希望工作能錢多事少離家近，每天要穿著漂亮的衣服，最好還可以跟藝人交往，滿腦子淨是這種異想天開的想法！

可是，滿腦子只想著錢，在這一行是待不久的。

就像我們前面所提到的一樣，沒有「信賴關係所構築的愛」，是無法長久從事女公關這一行的。

被譽為銀座帝王的I社長常打趣地說：

「我之所以會到酒店來喝酒，是因為講究義理、人情與浪花節*喔！」

銀座帝王I先生的這番話，教會了我另一個重要的要素。對！那就是「情義」。

---

*註：浪花節也稱為浪曲，是明治初期才開始的大阪地區傳統戲曲。演出的時候有傳統三味線伴奏，講述內容多半與市井小民的義理人情等人生百態有關。因此I社長才會這麼說。

銀座從以前開始，就有前輩會帶著後進上門，之後的後進則會繼續捧場的習慣。可是到了現在，與其繼續受前輩之託像為了盡義務才上門的酒店，倒不如去找一家既能讓自己輕鬆又能放肆玩樂的店來得更重要。

水希現在工作的俱樂部，有那種一家三代都固定會前來捧場的老客人。

在過去，俱樂部是社交場所。只要進了俱樂部，就會和某人相遇，進而拓展自己的人脈及事業。曾經也有過那樣美好的年代。

可是到了現在，因為資訊情報的氾濫，人與人之間的人際關係相對地也變薄弱了。因為新血與舊血間無法順利地進行世代交替，而導致關門大吉的俱樂部比比皆是。據說，在銀座有將近四千家的酒店，光是２００８年一年，倒閉的就高達一千多家。

銀座文化，是由名為信賴的愛、人情、義理，三者交織而成的，是現代碩果僅存可以彰顯日本美好年代*的所在。我希望能夠將俱樂部這種文化留存下來。

身為一位心理治療師，我總是相信對方有自癒的能力，並將從旁拉對方一把的信念常記在心。我的心理治療室是充滿了愛與人情的心理治療室。

事實上，我前面曾經提到的那位已經破產的Y先生，在新聞爆發後的半年，突然來訪了。當時，店內一片興奮之聲，只差沒有唇槍舌戰的搶話說。

每一個人的嘴裡都嚷著：「好想念Y先生喔！這一陣子都還好嗎？真的是好開心喔！」大家都拚命地想要告訴Y先生，能夠再見到他有多麼開心。當然！這個晚上的消費，店裡全包了。從頭到尾大家談論的都是過去開心美好的回憶。因為Y先生的突然來訪，帶給了所有人驚喜及快樂。那一天，Y先生是在大家的目送下離開銀座的。直到現在，我對那天的感動都還記憶猶新。

話說債臺高築的T先生，也在那一年的年終來到店裡。

「為了今天可以到這裡喝一杯，我已經盡了最大的努力。現在我手頭上可以自由運用的錢真的很有限，不知道這些錢可以讓我喝一杯嗎？」

原本我維持聯絡的用意就不是想賺T先生的錢，只是想知道遭遇了這麼多事情之後，T先生過得好不好？如果有機會的話，希望還能夠再見到他。媽媽桑和我也都是有情之人，因此我們當然不會，也沒有收T先生任何費用。

＊註：所謂的美好年代，一般來說，其時間點在1890年至第一次世界大戰期間，而其內涵則是隨著科學技術與資本主義的發展所帶來嶄新的文化、藝術乃至生活形式。

沒有什麼是比T先生能到店裡來露露臉，讓我們可以再見到他這件事情更叫我們感到開心了。

如果每一位客人都比照前面的作法，很可能會導致俱樂部經營不善。可是，正因為俱樂部是充滿信賴與情義的地方，所以視非常時期該位客人的情況來更改金額、酌收費用，也是人之常情啊！

這是我們（店家與女公關）對客人所展現的體貼與關懷（會大敲竹槓的店就另當別論了）。

媽媽桑所看好的人，收費價格通常都會比較低，這樣一來，客人上門消費時也比較沒有壓力。

從另一個角度來看，這麼做也可以說是在培養客人。不樂觀的帳目其實也是跟情義息息相關的！

在人際關係淡薄的現代，銀座卻擁有深刻的羈絆。前一陣子，水希下班從店裡要回家時，和別的車子發生了擦撞。雖然逃過一劫，但因為驚嚇過大以致全身抖個不停。在這樣的情況下，也無法好好接待客人，於是，便向店裡請了三個星期的假。

在休息的這段期間，有好幾位客人在知道我發生交通事故之後，都紛紛打了電話或傳來簡訊安慰、鼓勵我。

在我休息了三個禮拜之後，因擔心我會不好意思回到店裡頭工作，於是，客人又以「快來店裡跟我作伴」的名義讓我順利重返工作。

銀座，果然是一條用情義打造而成的街道，因為交通事故而讓我重新認識了銀座這個美好的所在。

小心呵護「想要知道」、「想要傳達」的心情

我們已經瞭解到，如果缺少「愛」或「情義」，就無法獲得高品質的溝通。支持那份「愛」或「情義」的心，就是「想要知道」、「想要傳達」的情感。

我們人類溝通能力的發展背景，之所以比其他動物來得複雜，就是與「想要知道」、「想要傳達」這些情感有關。

動物與動物之間也會進行溝通。狗狗在想要傳達什麼的時候，就會「汪汪」叫。牠們是利用「汪汪」叫或身體的動作等各種方式來讓飼主瞭解自己。

我們人類可以說是非常貪婪，心裡漲滿了希望自己能夠更瞭解對方、能夠更清楚地將想法傳達給對方、能夠讓對方更理解自己的這類情緒。而語言便是從這些貪婪之中發展出來的。

在發展出語言之前，人類是藉由肢體語言或透過哭聲的細微變化，來與其他人進行溝通的。也因此，就像我們在第一章中曾經提到過的一樣，比起語言，人類更習慣

相信透過行為舉止及態度所傳達出來的訊息。

想要知道的想法、想要傳達的想法，兩者同樣重要。只要把它想成是自己的事情就不難理解，當我們想要傳達自己的事情給對方時，那種想要傳達什麼的想法就會特別強烈。

可是，只要努力壓抑，並帶著「我想要知道你的事情」的想法去聆聽對方談話，就可以將弦外之音傳達給對方。這就是我們在第四章中所學到的「使用想要瞭解對方的想法來接待客人，並滿足客人情緒」的技巧。

可是，當無法好好忍耐自己想法的時候，也有能使之成為極大助力的技巧可以使用。那就是「丈二金剛技法」。所謂的丈二金剛技法，就是不管妳有多瞭解對方，都可以把它變成「不瞭解」、「不知道」。

例如，跟對方說「去看煙火很開心」。對妳而言，不管是「煙火」也好，「開心」也好，都是自己親身經驗過的事情，所以瞭解甚詳。可是，在對方的經驗上，根本不清楚妳因為看過了怎麼樣的煙火而感到開心。因此，只要使用「丈二金剛技法」，會話就可以順利繼續下去。「去看了什麼樣的煙火？」「因為什麼樣的事情而感到開心？」這些問題不好好問個仔細是不會曉得的呢！

在第四章中我們瞭解了發問的力量，而支撐這個發問力量的正是「丈二金剛技法」。

美國著名的脫口秀節目主持人賴瑞金*曾經有過這樣一段佳話。

某位知名的經營者接受了賴瑞金的訪問。經營者的朋友在聽到這個消息之後，告訴經營者：「這段訪問一定會成為你畢生難忘的回憶喔！」於是，這位經營者滿懷期待前去接受了賴瑞金的訪問。到了訪問現場，他被工作人員告知賴瑞金並沒有看過自己的書。他在心裡大罵賴瑞金是個既不敬業，又不尊重受訪者的臭屁傢伙。

到了攝影棚現場，賴瑞金便對他說：「從現在開始我們一起來閱讀你的書」，然後正式訪問也就跟著開始了。後來，那一段訪問果真成了經營者畢生難忘的訪問。

事後，那位經營者開口問賴瑞金。

「你為什麼可以當場問出那些問題來呢？」

「那是因為我對你這個人抱持著非比尋常的好奇心啊！」

再也沒有比「想要知道」對方的一切，這種強烈的好奇心或心情來得更強而有力的溝通技巧了。

如果滿腦子只想著「努力想要瞭解對方的事情」、「努力想要獲得對方的共鳴」，人也會跟著變痛苦起來。要想避開這樣的不愉快，就只要抱著「想要理解對方」的心情來努力就可以了。

就像是有人對你說「1＋1＝5」，這種時候，如果直截了當地回答對方說：「那是錯誤的！正確答案是2！」就會在不知不覺中將對話導向吵架。

因此，「這個人為什麼會認為1＋1＝5呢？」我們要像這樣停下來思考一下。這麼一來，心中就會萌生「想要知道」的芽，我們可以帶著坦率的心情這樣發問：「那是怎麼一回事？可不可以稍微多做一些說明呢？」相對地，對方的心裡也會湧現想讓我們知道的情緒。

我們只要試著瞭解對方看待事物的方法及思考的模式就可以了。

不久之後，自然而然地我們就會有「瞭解到」的時候，當然也會發現彼此之間有「無法達成共鳴」的東西。可是，沒有關係！因為你已經成功地將想要理解對方的想法傳達給對方了。

即使無法獲得對方的共鳴，或無法瞭解對方都沒有關係。在這種時候，不是要你

*註：原名勞倫斯・哈維・齊格勒（Lawrence Harvey Zeiger），為國際知名訪談大師。

否定對方的想法，而是要你做好想要理解對方心情的準備就可以了。

如果妳無論如何都沒有辦法接受對方所說的話也沒關係。只要懷著想要理解對方的心情來回應對方，對方就會因此而感到滿足了。

如果可以獲得對方的共鳴，並瞭解對方想法的話自然更好！請帶著這樣的想法努力去「理解」對方。這麼一來，接下來對方就會成為你的粉絲囉！

以前，有一位人見人厭的客人S先生。這位S先生開口閉口都是長篇大論的說教，而且每次說教的內容都一模一樣。他說教的腳本共有十種，是個光坐在他身旁就讓人深感疲累的人。在我還沒有成為心理治療師之前，每次只要一坐到S先生的檯，便覺疲憊不堪。

有一天，我因為學到了「丈二金剛技法」，所以就想試著在S先生身上演練一遍。

那天，S先生在十種的說教腳本中選擇了A腳本作為說教的開端。我對S先生說教的內容及路數明明知道的一清二楚，卻仍故意裝作不知情的樣子，一一針對說教內容提出了發問。

「之後怎麼樣了呢？」

「然後呢？然後呢？」

「所謂的〇〇，是什麼意思呢？」

和我一起坐檯的女公關們，個個一臉「事到如今還需要問嗎」的表情。果不其然，在我嘗試「丈二金剛技法」的攻勢下，S先生除了到目前為止不知講過多少次的A腳本之外，還額外聊了許多我從來沒有聽過的事情。

那一天，除了固定的腳本，還發展出了各種話題。

這是讓周圍所有人都感到十分詫異的接客方式。

就連S先生本人也一臉開心的說：「今天聊得相當愉快呢！」從那次以後，S先生每次來店消費就會指名我坐他的檯。

我絕對沒有和S先生產生共鳴，也絲毫沒有想要理解S先生的心情。我只不過是使用了「丈二金剛技法」，試著來瞭解S先生這位令眾人感到棘手的人物。

不管對方的個性如何，也不管有多不了解對方或多討厭對方，請千萬不要試圖叫對方閉嘴。對人抱持著相當的好奇心，世界就會隨之變得寬廣，而與人相遇這件事也會變得讓人感到開心、感動。

出征吧！精彩燦爛的每一天正等著妳

終於，來到最後一個小節了。前面已經介紹過了所有成為人見人愛所不可或缺的要素。

1 技巧
2 愛
3 情義
4 想要知道的想法

相信妳一定已經察覺到了吧！只要擁有技巧及用心這兩個缺一不可的要素，無論第一次見面的人是誰都會喜歡上妳！

在第一章中，我們從眾多技巧當中學到了舉止行為及態度這兩個既單純又重要的技巧。

在第二章中，為了可以成為傾聽達人，我們學到了實踐面的技巧。結合第一章和

第二章的技巧後，我們就可以滿足對方「想要自己的話能夠獲得共鳴」的認同慾望。

在第三章中，我們學會了使用「讚美隨聲附和」的技巧，來一一滿足各種不同類型的承認（認同）慾望。

在第四章中，我們學會了借助發問的力量，來炒熱對話氣氛的技巧。或許第四章所談及的內容，會讓各位感到有點困難。但是，若能一步步仔細演練，就一定學得會，所以請不要擔心！

第五章是高級進階篇。我們所學習的是心理治療師的技術，也是可以讓妳變得更受人歡迎的技巧。我相信在第一次見面的時候，幾乎沒有人有使用過這些技巧。

就這樣，藉由第一章到第四章所施展的技巧，我們就可以順利地將對方手到擒來，而妳也可以成為對方心中「還想再見一面」如此叫他心動的女性。至於第五章所提到的技巧，則是會隨著見面次數的增加而愈磨愈亮的技巧，所以妳也要有耐心地好好學習才行喔！

這本書一再強調，特別跟對方是在第一次見面的時候，比起自己想要傳達的想法，應該要更重視想知道對方及想瞭解對方的想法。

總而言之，請務必先學會第一章到第四章裡頭的各種技巧喔！

其次，再隨時保有「想要知道對方、想要瞭解對方」這種想法的自覺。

「想要知道對方、想要瞭解對方」的這種意識，有助於妳磨練自己給人的第一印象。

有著想要知道對方這種想法、心情的人的眼睛，會因為好奇心而炯炯動人。請眨著妳炯炯動人的眼睛，將身體往前傾，輕聲吐出「嗯、嗯」地聆聽對方的談話。

這麼一來，情況會變成怎麼樣呢？請各位試著想像一下。

在這種魅力攻勢下，對方一定會知無不言，言無不盡地繼續聊個不停。

一開始只要從外表著手進行改變，威力就已經相當足夠了。在第一章中「美妝治療法」的部分我們也曾經提到過，外貌一經改變後，行動心理學上所歸納出的四個優點也會隨之而來。

1. 變得主動積極
2. 湧出自信
3. 滿足度攀升

4 減少不安

使用技巧的情況也相同。只要抱持著能夠順利執行技巧的期望，就可以踏出成功的第一步。在進行溝通時，因為有溝通對象的存在，所以可能會無法順利施展技巧而停滯不前，同時也會擔心自己能否與對方順利達成溝通的目的。

羅馬不是一天造成的。

從改變外觀開始著手，學習技巧，進一步打造出屬於自己的溝通術。

最近，我剛好正在練習陸上游泳。但是，要想成為游泳健將，最後還是得跳入水中練習。

同樣地，為了溝通技術能夠日益精進，就必須投入人群中努力試行才能達成目的。

說沒有這種自信的妳，市面上可沒販售一喝就可以馬上製造出自信的能量飲料哦！自信是要逐步培養的。

所以請一邊承受著失敗、成功或受了點傷的疼痛，一邊磨練技術精益求精，將愛或情義的感性愈磨愈敏銳。

相信只要妳肯努力就絕不會失敗，頂多只有妳的想法是不是能夠透過那個技巧，順利地傳達到對方那裡而已。平時就要不斷地針對「該怎麼做才能順利將想法傳達給對方」來進行思考，以求傳達技術的精進。

我因為從事女公關工作的緣故，因此不得不強迫怕生、不機靈的自己趕快成長。不能盡如人意順利完成的事情實在有太多太多了，可是，我從來就沒有輕言放棄過。

儘管被媽媽桑用煙灰缸伺候；儘管因為沒有達成業績被罰錢而薪水掛零，我還是不氣餒，立下了總有一天一定要爬上No.1紅牌女公關寶座的目標。我就是這樣一邊忍耐一邊求成長，才終於有了今天的好成績。自信是要逐步培養的。無論是誰，沒有一個人打從一開始就擁有自信的。

可是，只要能堅持不懈地努力學習，自信就會隨著經驗慢慢累積。

可以從頭到尾把整本書看完的妳，是絕對不會有問題的！請妳一定要想起來，水希今天也正被溝通的驚濤駭浪打得顛簸不已，並在載浮載沈中努力掙扎著求成長。讓我們朝著以讓人還想再見一面的魅力女性這個目標一起努力吧！

寫在最後

在即將完成這本書的期間，我最愛的祖母過世了。小時候曾經有一段時期，我被寄養在祖母家裡。對我來說，祖母是如同母親般重要的存在。

矢來町是我和最愛的祖母間的快樂回憶所在，而要替我出版這本書的こう書房（Koushobo）也正好位在矢來町上。這是多麼神奇的緣分啊！從以前祖母就常不斷對我說：「因為水希的感受性特別強，所以要不要試試看當個作家呢？」我想或許這份難得的緣分，就是過世的祖母替我召喚來的吧！

第一次面對血肉至親的過世，這一次，從許多的客人及要我好好振作打起精神來的客戶那裡，收到了許多溫暖的問候與安慰。像這樣可以順利把書寫完也都是託了各位的福。

接下來，我要感謝知道我有憂鬱症病史卻還是雇用了我的F俱樂部的媽媽桑，謝謝她沒有放棄因為憂鬱症而處於絕望深淵的我；還有一路照護我出完這本書的心理治療師岡部先生，從動筆寫這本書開始，他就不斷地在教我人生要活在精彩的當下；替我製造東山再起契機的石井裕之先生；扶養我、辛苦拉拔我長大的父母親；不因為我常常寫不出稿而離棄我，總是在一旁默默守護我的こう書房編輯鈴木先生。

如果沒有各位的力量，這本書是無法如此順利付梓的。真的是非常感謝各位。

還有，一直把書看到最後的妳。我也要謝謝妳購讀我的書。

人與人之間的關聯與羈絆，是生命中最美好的體驗。

讓我們一起，一步一腳印，努力成為人見人愛的不凡女性吧！

最後，僅以這本書獻給我最愛的祖母。

水希

國家圖書館出版品預行編目資料

小惡魔說話術：五分鐘讓妳成為社交女王／
水希作 ；鐘霓譯. -- 初版. -- 新北市：智富,
2017.08
面； 公分. --（風向；100）

ISBN 978-986-93697-3-2（平裝）

1. 說話藝術

192.32 106006403

風向 100

小惡魔說話術：五分鐘讓妳成為社交女王

作　　者／水希
譯　　者／鐘霓
主　　編／陳文君
責任編輯／楊鈺儀
封面設計／戴佳琪（小痕跡設計）
出 版 者／智富出版有限公司
地　　址／（231）新北市新店區民生路 19 號 5 樓
電　　話／（02）2218-3277
傳　　真／（02）2218-3239（訂書專線）、（02）2218-7539
劃撥帳號／ 19816716
戶　　名／智富出版有限公司
世茂網站／ www.coolbooks.com.tw
排版製版／辰皓國際出版製作有限公司
印　　刷／世和印製企業有限公司
初版一刷／ 2017 年 8 月

ＩＳＢＮ／ 978-986-93697-3-2
定　　價／ 280 元

HIRUMA WA SHINRICOUNSELLOR GINZA No.1 HOSTESS NO KOKORO
WO TSUKAMU HANA SHIKATA

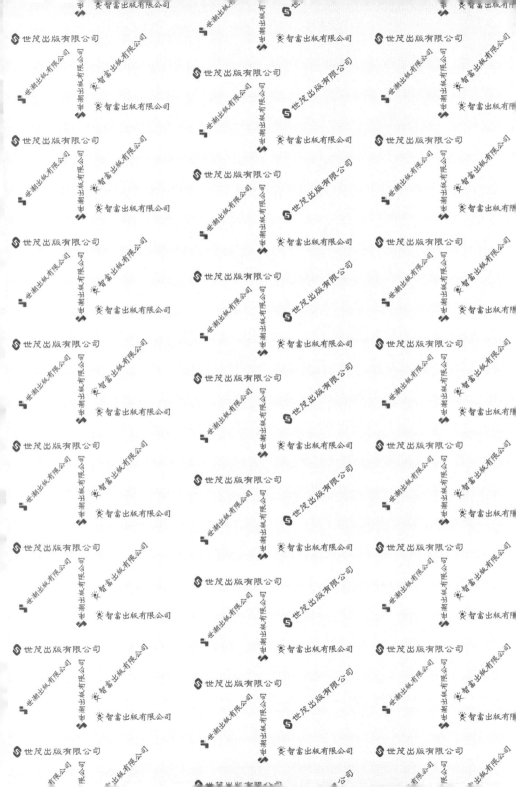